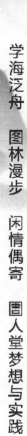

学海泛舟 图林漫步

闲情偶寄 圕人堂梦想与实践

图书馆学短论

科学网图谋博客精粹

王启云 著

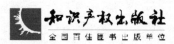

知识产权出版社

全国百佳图书出版单位

图书在版编目（CIP）数据

图书馆学短论：科学网图谋博客精粹/王启云著 . —北京：知识产权出版社，2017. 9
ISBN 978-7-5130-5131-6

Ⅰ.①图… Ⅱ.①王… Ⅲ.①图书馆学研究 Ⅳ.①G250. 1

中国版本图书馆 CIP 数据核字（2017）第 222358 号

内容提要

本书是一部图书馆学随笔集，全部内容精选自科学网图谋博客（http：//blog. scienc-enet. cn/u/libseeker，2015 年 9 月至 2017 年 9 月），分为四辑："学海泛舟""图林漫步""闲情偶寄""圕人堂梦想与实践"。本书具备三个特点。一是具有一定的思想性。内容比较灵活、随性、不拘一格，但很多都是独立观察、经过思考或分析、有感而发的。反映了作者对我国图书馆新馆建设中问题的忧患意识。二是与业界的发展密切关联。无论何类文章，都是业界所关注的问题，触动着图书馆事业发展的脉搏。因此，对图书馆界人士都有一定的启发或参考意义。三是具有一定的史料价值。内容涉及非常广泛，且有相当一部分是对图书馆界人或事的真实记载，蕴含许多鲜为人知的细节。全书力求精炼，具备一定的思想性、学术性，与业界的发展密切关联，具有一定的史料价值，且有趣、有味、有用。体现了作者"为图书馆学情报学谋，为图书情报事业谋"，对广大图书情报工作者、图书情报领域教师和学生有一定参考价值。值得对图书馆工作感兴趣者、学习图书馆学专业的学生、已从业者和从事图书馆学教学和研究的学者、各类与图书馆职业相关的人士阅读与收藏。

责任编辑：许　波　　　　　　　　　　**责任出版：孙婷婷**

图书馆学短论：科学网图谋博客精粹
TUSHUGUANXUE DUANLUN：KEXUEWANG TUMOU BOKE JINGCUI

王启云　著

出版发行：**知识产权出版社** 有限责任公司	网　　址：http：//www. ipph. cn		
电　话：010-82004826	http：//www. laichushu. com		
社　址：北京市海淀区气象路 50 号院	邮　编：100081		
责编电话：010-82000860 转 8073	责编邮箱：396961849@ qq. com		
发行电话：010-82000860 转 8101	发行传真：010-82000893		
印　刷：北京中献拓方科技发展有限公司	经　销：各大网上书店、新华书店及相关专业书店		
开　本：720mm×1000mm　1/16	印　张：18. 5		
版　次：2017 年 9 月第 1 版	印　次：2017 年 9 月第 1 次印刷		
字　数：236 千字	定　价：58. 00 元		

ISBN 978-7-5130-5131-6

序 一

聚沙成塔启行云

我大概是《图书馆学短论——科学网图谋博客精粹》书稿的第一位读者，但我和这本书的作者王启云却从未见过面，他多高多矮、多胖多瘦、多黑多白、多丑多俊，这些外在特征我一概不知。虽然如此，却不能说我们素昧平生，因为我们之间有很深的渊源。

我与王启云的第一个交集点，就是我们共同熟识的张厚生学长。我是恢复高考后武汉大学图书馆学系首届本科生，社会上统称"七七级"，1978年3月份入学，1982年1月毕业；张厚生学长曾于1963年考入武汉大学图书馆学系读本科，恢复研究生招生制度后又成为武汉大学图书馆学系首届硕士研究生，1978年9月份入学，1981年12月毕业。图书馆学系那时规模很小，师生之间相互比较熟稔。首届硕士研究生共有4位：张厚生、乔好勤、倪晓建、惠世荣，我们经常在系资料室、学术报告会上碰到诸位学长，他们也经常到本科生宿舍溜达串门，可以说相互之间交流颇多，我们亲切地称他们为"四条汉子"，应该说我们的本科4年都或多或少受到他们的影响。毕业之后，屡闻诸位学长功勋卓著、硕果累累，都成为中国图书馆界的擎天白玉柱、架海紫金梁。我一直工作在基层图书馆，外出参加全国性会议的机会较少，但只要一参加会议，在很多时候都能遇到他们。2006年7月24日上午，"中国图书馆学会2006年年会"在昆明开幕。开幕式前，我正在与同排的同仁聊天，坐在前排的一位突然转过身来，面朝我带着肯定的口吻说："你是怀涛！"我定睛细看，竟然是张厚生学长。虽然相隔数年，但还是能透过沧桑岁月辨识出他的模样，接着就是一番亲切的握手、问候、感慨、祝福。想不到的是，这是我与张厚生学长的最后一次见面。

令人欣慰的是，张厚生学长的学生王启云很好地接过了他学术和事业的接力棒。王启云与恩师的感情深厚，他曾受师母的信任和嘱托全面整理恩师遗存下来的文献，他认为事业需要传承、学术需要赓续，便倡议编辑出版一部文集来纪念恩师，以缅怀恩师为中国图书馆事业、图书馆学研究、图书馆学教育做出的贡献。他的倡议得到了来自方方面面的响应和支持。当他将《书海一生击楫忙——图书馆学家张厚生先生纪念文集》寄赠给我时，让我顿时陷入沉思，我好像又回到了30多年前在珞珈山麓、东湖岸畔的日日夜夜。

我与王启云的第二个交集点，就是我与他的学术互动。我 1977 年考大学时他才 2 岁，可现在已经成长为有一定学术影响力的青年学者了。从他多方面的成绩看，如果不是具有勤于思考的灵性、刻苦钻研的韧劲、踏实肯干的行为，是难以达到现在这种程度的。王启云现任淮海工学院图书馆副研究馆员，已在《大学图书馆学报》《图书情报工作》《图书情报知识》《图书馆杂志》《图书与情报》等知名刊物上发表学术论文 50 多篇，出版《高校数字图书馆建设评估研究》等 4 部专著，主持或参与完成国家社科基金、教育部人文社会科学研究青年基金、江苏省社科基金等科研项目多项，荣获江苏省文化厅图书馆学情报学学术成果奖 4 次、连云港市哲学社会科学优秀成果奖 3 次。王启云还是《图书馆报》的专栏作者，曾被评为 2007~2009 年中国图书馆学会优秀会员、江苏省高校图书馆 2012~2014 年度先进工作者。

王启云的研究范围较广，他大概是进入 21 世纪之后开始发表学术论文的，他的成果所涉猎的主题大概包括信息技术应用、数字图书馆建设、数字资源管理、信息检索、图书馆服务、图书馆管理、图书馆评估、图情教育、馆员职业能力等方面。由于他本科阶段学的是计算机科学，研究生阶段学的是图书馆学，又具有丰富的图书馆一线实践经验，因而它的成果能够理论联系实际，思路开阔，论述独到，对我的管理工作、研究工作、教学工作深有启发。即便是他在《图书馆报》上发表的豆腐块文章，也很接地气，往往能抓住图书馆活动中的热点难点，一事一议，另辟蹊径，说理透彻，使人回味。每每收到王启云寄赠的新书，我都感觉到他是在兢兢业业地耕耘着。我也曾将拙作寄赠给他，希望彼此沟通。他还写过一篇鼓励我这位老图书馆员的博文《图书馆员好榜样——张怀涛先生》，还送我一首诗"耕读传家久，诗书继世长；涛声三十载，华章百千强。"我虽然感觉到受之有愧，但也着实高兴了好几天。

我与王启云的第三个交集点，就是我与他的网络交流。万能的互联网络，为人们的活动提供了无限的可能性，为能够与时代同步、创新力爆棚的年轻人提供了可以施展拳脚的世界。2000 年博客开始进入中国，2005 年国内各大门户网站的加入激活了博客世界，活跃于网络的图书馆人也应运而发力。王启云是活跃者之一，他以"图谋"的名号行走在网络，闯出了不小的名头，以致多年后大家还只知其网名而不知其真名。王启云将自己的写博史分为三阶段：2005 年 1 月 28 日至 2009 年 2 月 9 日，主要是在博客网写博客；2009 年 2 月 9 日至 2013 年 1 月 30 日，同时在博客网、科学网写博客；2013 年 1 月 30 日至今主要是在科学网写博客。"图谋"这个名号对于王启云而言，就像"及时雨"对于宋公明、"智多星"对于吴学究一样有内涵，他自己解释道："图谋，为图书馆学情报学谋，为图书情报事业谋。路漫漫其修远兮，吾将不懈求索。"那时我也是追着图书馆人的几大名博（包括王启云的"图谋博客"）看，后来也受启发自己开了博客。

2014 年 5 月 10 日王启云又创立了"圕人堂"QQ 群。如果说"图谋博客"是一片可以随意参观的王启云个人的"自留地","圕人堂"QQ群则是一片可以尽情参加的王启云学习雷锋精神为大家开垦的"自由地"。图书馆界的人都知道,"圕"字为"圖書館"三字的合并写法,是著名图书馆学家杜定友先生于1924年发明的,"圕人堂"就是图书馆及图书馆学相关人员交流的专门园地,其愿景是"圕结就是力量!",其堂风是"贴近现实,关照现实,联系理论,旨在实践"。参加这个群的图书馆界同仁有近2000位,个个都有不可小觑的图书馆学素养,大家可以在这方无拘无束的公共平台上畅所欲言,或通报信息,或讨论问题,或相互批评,或展示成果,或感悟感叹,或共享资源。我自然也是这个群的一名成员,经常去群里看一眼、言一声,虽然不算优秀,但是比较忠实,真真的是广受教益。

关于王启云的信息,我还从其他方面有所了解,例如,北京大学图书馆王波教授就给王启云贴过一串标签——"忠厚、好学、勤奋、执着"(王波. 一个图书馆员的思想画卷——《图书馆学随笔——图谋博客精粹》序)。以王波学弟的信誉,对这个评价我是毫无保留地相信,他绝对不会因为"一笔写不出两个王,五百年前是一家"而夸大其词。虽然我现在没见过王启云的真身,但我想终究会见到的,到那时我再去详细了解他吧。

当我初读《图书馆学短论——科学网图谋博客精粹》书稿时,突然想到了《妙法莲华经》的名言:"若于旷野中,积土成佛庙,乃至童子戏,聚沙为佛塔,如是诸人等,皆已成佛道。"王启云真是有聚沙成塔、集腋成裘、跬步千里、水滴石穿的韧性,他的大处着眼、小处着手、初心常在、坚持不懈的精神一定会给他带来满目春光。我已经拜读过王启云的《图书馆学随笔——图谋博客精粹》(2011)、《图书馆学笔记——科学网图谋博客精粹》(2013)、《图书馆学散论——科学网图谋博客精粹》(2015),这是他的第四部图书馆学随笔集了,这无疑是他送给大家的又一份零存整取的大礼包。正因为我与王启云有上述的渊源,他才信得过我,愿意将书稿第一个发给我，我也才有了先睹为快的眼福。

好书共欣赏，嘉文相与析。翻开这部图书馆学随笔集，我们可以看到，其全部内容精选自科学网图谋博客（http：//blog. sciencenet. cn/u/libseeker）2015 年 9 月至 2017 年 9 月的博文。共分为四辑："学海泛舟"写下了学习与思考图书馆学情报学的心得体会；"图林漫步"回味了图书馆界大人物和小人物的点点滴滴；"闲情偶记"记述了日常学习、工作、生活中值得记述的；"圕人堂梦想与实践"反映了"圕人堂"里发生的那些事。阅读了这些博文，总的感觉有以下突出特点。

一是密切关注业界，开阔学术视野。既为业界人，当观业界事，作者凭着自己的专业眼光，密切关注着国内外图书馆事业的发展，他反映的一馆一书、一人一事，都在触动着图书馆事业发展的脉搏，也无疑对图书馆界人士具有一定的启发或参考作用，有益于大家参与变革、观察变革、思考变革，适应图书馆事业的新情况。

例如，在《关于高校图书馆员职业能力的思考》一文中，作者及时介绍了美国图书馆学专业期刊《大学与研究图书馆新闻》（C&RL News）2016年第 6 期发布的美国大学与研究图书馆协会（ACRL）研究计划与审查委员会撰写的研究报告《2016 年高校图书馆发展大趋势》，使大家了解到美国同行的研究成果，即 2016 年的 9 大趋势：研究数据服务；数字学术；馆藏评估趋势；图书馆集成系统与内容提供商/完成并购；学习证据：学生成功、学习分析、证照审核；高等教育信息素养框架新方向；替代计量学；新兴员工职位；开放教育资源。

又如，在《<普通高等学校图书馆规程>之我见》一文中，作者在《普通高等学校图书馆规程》（教高〔2015〕14 号）颁布之际，为大家梳理了规程的简史，有助于对新规程理解把握：1956 年高等教育部曾拟订了《中华人民共和国高等学校图书馆试行条例（草案）》；1981 年教育部对其进行修订后正式颁布了《中华人民共和国高等学校图书馆工作条例》；1987 年国家教育委员会对该条例再次修订并改名为《普通高等学校图书馆规程》；2002 年教育部颁发《普通高等学校图书馆规程（修订）》（教高〔2002〕3号）；2015 年颁发《普通高等学校图书馆规程》（教高〔2015〕14 号）。

二是深入观察思考，有感有悟有识。立足当下事，直面新问题，作者认识到任何事业的发展，都不可能是百分百的零困难，都会随着时间、空间的变化而产生新问题，提出新要求，他本着强烈的责任感和忧患意识，对我国图书馆事业的发展建设能够细致观察、立体思考、深入分析，提出自己有见识的独到见解。

例如，在《如何使研究更有意义？》一文中，作者提出目前存在一个悖论：学术论文已成为衡量研究者学术能力的重要指标，一方面研究者们"不发表就灭亡"，另一方面有不少论文"发表即灭亡"。作者认为，虽然，时下很多事情片面追求效率与效益，希望"立竿见影""速效""所见即所得""利益最大化"……然而，有些事情需要"慢工出细活""长效机制""循序渐进"……作为科学研究，也许更多地需要关注"终极意义"，从长计议。

又如，在《意外》一文中，作者先是讲了个故事，他在解答电话咨询时发现，一位大四学生竟然不会检索图书馆数字资源、不会利用移动图书馆、不知道借书证的功能、不了解图书馆的服务项目。作者进一步发现，有些大学生在校期间从未利用过图书馆，同时不少教师对常用数字资源很陌生，这既是图书馆的浪费，也是读者"吃亏"。作者认为，这说明了"用户教育"的缺位，如何发挥图书馆数字资源的作用、如何更好开展"信息检索与利用"教育，如何吸引师生更好地利用图书馆，这确实需要研究和提出有效的解决方略。

三是客观记录史料，梳理过程细节。欲知真切事，且问知情人，作者善于从文献资料中剥茧抽丝，善于寻找事物之间的联系，在他的文章中有相当一部分是对图书馆界人或事的真实记载，蕴含着许多鲜为人知的细节。正襟危坐、文辞严谨的学术文献固然可贵，而那些有趣、有味、有用的个人观感更活泼、更生动，同样具有珍贵的史料价值。

例如，在《图书馆学家钱亚新先生的"永垂不朽"》一文中，作者认为著名图书馆学家、目录学家钱亚新先生的纪念与传承，可以说是近百年来中国图书馆学教育史上最为出色的，作者披露了相关细节，主要有三个方面：一是钱亚新先生自身具有史料意识，他几乎精心保存了自己一生中全部文字作品，以及大量照片、学术通信、诗歌随笔等，而且在多次遭遇日军飞机狂轰滥炸的情况下，竟能妥善保存至今。二是钱亚新先生的亲属具有史料意识，包括钱亚新先生的夫人和儿子，他们为保存相关文献尽心尽力。三是钱亚新先生的史料意识直接或间接影响了一批后学先进（包括张厚生学长），他们为钱亚新先生相关文献的传承做了大量工作，包括整理钱亚新先生留存的手稿。我想，王启云全力整理恩师的遗存文献也是受到了这方面的影响。

又如，在《<书香英伦>背后的故事》一文中，作者详述了《书香英伦——英国图书馆之旅》一书创作、出版的幕后故事。该书是山东济宁学院图书馆刘欣馆长在英国访学期间撰写的专业游记，在写作过程中，"圕人堂"以"欣然读书：图书馆员书香英伦之旅"为题进行连载。王启云还动员刘欣馆长："当前做好规整工作，争取今后有机缘正式出版出来……你按照你的写作计划进行下去，会是一本比较受欢迎的图书"，并向知识产权出版社推荐出版。该书出版后还荣幸地入选《全民阅读好书推荐书目（2015—2016）》。

半调侃半正经地写了这么一篇，该收笔了。按我的习惯，收笔之前要送给王启云一首打油诗。王启云又出新作了，是高兴事，就以这首打油诗助兴吧。

聚沙成塔启行云，

亦卷亦舒四时新。

掌图思谋勤问道，

且将笺墨向书林。

张怀涛

2017 年 8 月 15 日

（张怀涛，男，1957 年 5 月生，1982 年 1 月毕业于武汉大学图书馆学系，历任中原工学院研究馆员、图书馆馆长、图书馆书记、信息资源研究所所长。）

序 二

"絮叨"是一种范儿

"图谋又出书了……"这样的惊喜赞叹已不止一次,但愿这不是最后一次。尽管在与图谋的交流中,他已隐隐露出在随笔类图书出版上自此有"封刀"之意,但谁知道两年后会不会变? 在数字化信息化蔓延的当下,很多人仍把出纸质书作为学术成果和思想成果的一种"宣示",这种情结牵动着各领域无数人。

图谋此次出版的《图书馆学短论——科学网图谋博客精粹》,观其名就有一翻而阅的欲望。名字起得好,在这个碎片化时间充斥你我生活的时代,多看些"短论"不失为美妙的选择。

挺特别的是,这是一部"随笔集",并且是图情领域随笔集。如今的图书市场上,随笔集、散文集、杂文集多了去了,但像图谋这样乐此不疲地将图情领域的随笔文章结集出版,不知道还有无第二位。图情,在图谋笔下褪去坚硬的职业外壳,变得和蔼可亲。非但很多图书馆人这么认为,连笔者这个非图情专业出身的也这么认为。

笔者主管《图书馆报》内容方面,也长期是专栏"图林漫步"(现在叫"漫步")的责任编辑。自从《图书馆报》2006 年大改版推出"图林漫步",10 多年来,图谋始终是该栏目的功勋作者、建设者、维护者之一。他的一些"短论"是最先发表在"图谋博客";其次,笔者则精选一些适合见报的发表在"图林漫步",这样就做到了网络与纸媒的互补。图谋的文章是《图书馆报》的绝对亮点,其观点和所述现状往往引发共鸣,我们为此收到的读者反馈可不少。不少图书馆人尤其喜欢图谋的文笔风格,称其"絮叨"者有之,称其"懒散"者有之,各种评价语气的背后均透着那么一股子喜欢劲儿。记得一位图书馆人在其文章里写道:看图谋在《图书馆报》上又开始"絮叨",总能发出会心一笑……在笔者看来,图谋的"絮叨"关乎图情各个领域各个角落,无所不包,"絮叨"的背后是他无时无刻不在思考的那张面孔。

《图书馆学短论——科学网图谋博客精粹》包括"学海泛舟""图林漫步""闲情偶记""圕人堂梦想与实践"几个部分。细看大多数文章,确实都挺"絮叨"。别看"学海泛舟"的名字起得很学术,但所收录的文章如《"吃亏"的学问》《图书馆的名义之尴尬事》《图谋的 2016 年》等,无不显出"絮叨"的随笔范儿。这种风格让很多读者着迷,起码在《图书馆报》上看不到第二家。我常以为,"图谋"这个名字的内涵"为图书馆学情报学谋,为图书情报事业谋"显得过于严肃,甚至有"悲壮"之意。实质上,他所"谋"的那些文章是能引起图书馆同仁"会心一笑"的。深刻、思辨而又不严肃、古板,是图谋文章的特点,也迎合了"短论"二字。

难能可贵,图谋在自己"絮叨"多年后,创建"圕人堂"QQ 群,让更多的人一道在图情学术及实践领域"絮叨"个不休。并且,"圕人堂"每周还去粗取精编辑《圕人堂周讯》在群内出版,上面有价值的信息很多,天南地北甚至海外图书馆人的交流探讨与思考更是不乏。如果说此前与图谋的交往,让我喜欢他并欣赏他的执着,那么自从"圕人堂"风生水起,我已经开始佩服这个人了。看起来,"图谋"这个笔名其更深刻的内涵是坚持。坚持十多年写博客随笔,坚持结集出版图情随笔集(尽管从功利的角度看"无利可图"),坚持办好"圕人堂"、出好《圕人堂周讯》。

很多人包括笔者架不住会问：图谋这些年来的努力执着坚持，到底"图"的什么？其实是多此一问，人生中很多事其实没有必要问"为什么"，也没什么答案。只要内心觉得这么做值，就去做呗。很多用理性解答不了的问题，可以用感性去解答，说的俗点是"跟着感觉走"，说的雅点是"心即理"。图谋自己不也说了吗，"何苦难为自己？或许源于一种信念"。

还是别把写文章、出书看得那么严肃，总之，笔者以及很多图书馆人都希望图谋在博客上、《图书馆报》上、书上一直这么"絮叨"下去，无他，爱看耳。

《图书馆报》副主编　袁江

2017 年 8 月 25 日

前　言

2017年6月中旬，我打算今年再出一本博文随笔集，且与出版社达成出版意向，我的任务是抓紧准备书稿。书稿雏形其实已经有了，只是质量方面，尚不能令自己满意，还需要搜索枯肠，积极作为。这次做这个决定，可以说艰难得很，何苦难为自己？或许源于一种信念。

图谋博客始于2005年1月，目前已出版3本博客书。据读秀平台检索结果，《图书馆学随笔——图谋博客精粹》（国家图书馆出版社，2011）被214家图书馆收藏，《图书馆学笔记——科学网图谋博客精粹》（知识产权出版社，2013）被172家图书馆收藏，《图书馆学散论——科学网图谋博客精粹》（知识产权出版社，2015）被71家图书馆收藏。上述图书均获过江苏省图书馆学情报学学术成果奖。

今年这本是第4本博客书，距离上一本的时间跨度是两年。这两年虽然挺忙碌，但是博文产量很低，令自己满意的文字并不多。选择将它们出版，或许是为了节奏感不被人为破坏。图书出版的滋味，我自身比较清楚，简单描述是：有苦有累也有甜。2015年出版那一本，自认为算下足功夫，比较满意，后来有位图书馆同行读者给我发来长达1万5千余字的笔记，不少篇幅属于替我勘误的，不单是文字方面的问题，还有内容方面的问题，有理有据。这件事一定程度上教育了我，仍须努力。

从功利性角度，我在博文随笔集这方面下功夫，似乎是"无利可图"

的，经济价值、学术价值似乎均不尽如人意，但我认为，为人所不为，假以时日或许别开生面，历久弥新。因为，我的博文随笔集，始终围绕"图谋"两字，记录的是探索者足迹，探索者有我，但远不止我一个，还有一群人。

本书内容精选自科学网图谋博客（http：//blog. sciencenet. cn/u/libseeker，2015年8月至2017年8月），分为四辑："学海泛舟——图书馆学情报学的学习与思考""图林漫步——图书情报界人和事的交流与记录""闲情偶记——学习、工作、生活等方面的随笔""圕人堂梦想与实践——贴近现实，关照现实，联系理论，旨在实践"。每辑内容按照一定的逻辑顺序进行了组织与编排，每篇文字保留了原博文写作时间。书中有部分内容曾在《图书馆报》发表，或被科学网博客选为"精选博文"。

本书具备三个特点。一是具有一定的思想性、学术性。博文比较灵活、随性、不拘一格，但很多都是独立观察、经过思考或分析、有感而发的，反映了笔者对我国图书馆新馆建设中问题的忧患意识。二是与业界的发展密切关联。无论何类博文，都是业界所关注的问题，触动着图书馆事业发展的脉搏。因此，对图书馆界人士都有一定的启发或参考意义。三是具有一定的史料价值，有趣、有味，且有用。博文内容涉及非常广泛，且有相当一部分是对图书馆界人或事的真实记载，蕴含许多鲜为人知的细节。

本书由于是在博文基础上编撰而成的，存在一些问题，祈请谅解，比如不同时间存在信息检索课、信息素养课、文献检索课等多种表述亦不便统一，原貌呈现；部分内容前后有交叉，甚至有重复啰唆之嫌；引文、注释方面还不够严谨。

书中参考了国内外许多学者、同人的科研成果，在与圕人堂成员交流过程中时常受到启发，受益匪浅，在此向有关学者、同人致以诚挚的谢意！感谢张怀涛先生、袁江先生赐序！感谢知识产权出版社许波女士为本书的出版所提供的帮助！感谢天津医科大学图书馆刘莉老师认真阅读本书初稿，并提出许多非常有价值的意见和建议！由衷感谢帮助过我、给予我支持的所有人！囿于学识，书中存在舛误、疏漏或失当之处，恳请学者先进不吝教正。

王启云

2017 年 8 月

目 录

※ 第一辑 学海泛舟 ※

《普通高等学校图书馆规程》之我见 …………………… 3

如何使研究更有意义？ …………………………………… 6

"吃亏"的学问 …………………………………………… 8

关于高校图书馆员职业能力的思考 …………………… 10

审稿人角色 ……………………………………………… 12

图书馆馆藏计量标准或方法闲话 ……………………… 14

闲话高校基本办学条件与文献资源建设 ……………… 17

有一种焦虑叫"渴研" ………………………………… 21

图书馆的名义之尴尬事 ………………………………… 24

如何促进图书馆学实证研究成果的

推广与普及？ …………………………………………… 27

《书香英伦》背后的故事 ……………………………… 30

我的科研情结 …………………………………………… 33

关于高校图书馆人力资源现状的思考 ………………… 35

提升高校图书馆员职业能力，路在何方？ …………… 38

图书馆工作中的版权之惑 ……………………… 40

说说我的博文书 ………………………………… 42

图谋的 2016 年 ………………………………… 45

2016 年学术活动回顾 …………………………… 47

图谋博客十二周年 ……………………………… 50

科学网十年,俺相随八载 ……………………… 52

一级学科点图书资料情况填报有感 …………… 54

关于论文查重(学术不端检测)服务 ………… 56

关于学术图书出版价值的思考 ………………… 58

浅淡社交网络激励措施 ——关于

科学网博客之问答 ……………………………… 60

2017 年国家社科基金立项结果杂感 ………… 62

"非典型性"科研爱好者 ……………………… 64

科学网图谋博客访问量逾 200 万人次有感 …… 67

理想中的高校图书馆 …………………………… 69

硕士论文奇遇记 ………………………………… 70

闲话我国图书馆职业化进程 …………………… 72

关于科研成绩的思考 …………………………… 76

闲话情报学 ……………………………………… 78

令人苦不堪言的"文字复制比" ……………… 81

关于高校图书馆专业馆员职业能力的思考 …… 83

关于学术著作的思考 …………………………… 85

关于图书馆员科研价值观的思考 ……………… 87

追寻研究的意义 ………………………………… 89

※ 第二辑　图林漫步 ※

关于信息检索课的思考 ……………………………………… 95

台湾地区图书馆印象 ………………………………………… 98

有一种幸福叫遇上好读者 ………………………………… 101

关于信息素养课的思考 …………………………………… 103

图书馆天堂，神一般的存在——西浦图书馆印象 ……… 106

第六次公共图书馆评估定级有感 ………………………… 109

做个像样的图书馆员好忙 ………………………………… 112

一名图书馆员的"老师情结" …………………………… 114

高校图书馆的存在感 ……………………………………… 116

我的数字资源推广经历 …………………………………… 118

闲话图书馆员培训 ………………………………………… 121

闲话图书馆的数据 ………………………………………… 124

关于数字资源利用情况的思考 …………………………… 126

闲话博士馆员 ……………………………………………… 128

南开图书馆学实证研究会议参会小记 …………………… 130

图书馆参观有感 …………………………………………… 134

培基乃美玉，光洁质坚优——回忆我与许培基先生的通信 … 135

CALIS 第十五届引进数据库培训周参会略记 …………… 139

闲话高校图书馆有偿服务 ………………………………… 142

图书馆学家钱亚新先生的"永垂不朽" ………………… 147

图书馆员专业阅读该读什么？ …………………………… 150

关于高校图书馆管理与服务的建议 ……………………… 152

※ 第三辑　闲情偶记 ※

赠书心情 ……………………………………………………………… 157

意外 …………………………………………………………………… 160

学术滋味 ……………………………………………………………… 162

晒书往事 ……………………………………………………………… 165

闲话签名赠书 ………………………………………………………… 168

名人与人名 …………………………………………………………… 170

书读得太少了 ………………………………………………………… 173

闲话出身 ……………………………………………………………… 175

研途风景 ……………………………………………………………… 177

学术论文的挂名现象 ………………………………………………… 178

研究的脚步 …………………………………………………………… 180

我的寒假生活 ………………………………………………………… 182

清明琐忆 ……………………………………………………………… 184

找呀，找呀，找帽子 ………………………………………………… 186

一名青椒女博士的麻辣烫生活 ……………………………………… 188

这些年那些事 ………………………………………………………… 189

我的书房我的书 ……………………………………………………… 191

假期也没工夫闲着 …………………………………………………… 193

文以载道，以小见大——《大师小文》读后感 ………………………… 195

闲话荣誉 ……………………………………………………………… 197

读书是个事儿 ………………………………………………………… 200

泥鳅与我 ……………………………………………………………… 202

我在博客中变老 ……………………………………………………… 206

渐行渐远的博士梦 ··· 208

闲话成就感 ··· 210

※ 第四辑　圕人堂梦想与实践 ※

圕人堂：图书馆进步的力量 ······································· 215

圕人堂之图谋絮语录 ··· 217

关于圕人堂未来的思考 ··· 220

关于《圕人堂周讯》的说明 ··· 223

圕人堂：西西弗斯的攀登 ··· 226

关于"圕人堂发展基金"的一点说明 ································· 227

圕人堂 2016 年大事记 ·· 229

共建圕人堂，共享圕力量 ··· 240

圕人堂小数据 ··· 242

圕人堂建群三周年筹资及使用情况说明 ····························· 243

关于利用圕人堂开展问卷

调查办法（建议稿） ··· 248

圕人堂成员观 ··· 249

圕人堂"突出贡献奖"获得者风采展示 ······························· 251

圕人堂三周年纪念活动月小结 ······································· 257

圕人堂管理员团队成员论圕人堂发展 ································· 259

警惕知识传播、知识交流与

知识共享环境恶化 ··· 264

圕人堂发展之瓶颈问题 ··· 267

参考文献 ··· 269

第一辑

学海泛舟

——图书馆学情报学的学习与思考

《普通高等学校图书馆规程》之我见

《普通高等学校图书馆规程》（教高〔2015〕14 号）（以下简称为《规程》）印发时间为 2016 年 1 月 4 日，通过时间为 2015 年 12 月 31 日[1]。《规程》是一部旨在宏观指导的专门法规，指导我国高校图书馆事业的建设发展，规范高校图书馆的服务与管理。为避免《规程》在贯彻实施中流于形式，高校图书馆主管机构及利益相关者需要齐心协力学《规程》、用《规程》。

作为一名普通高校图书馆馆员，《规程》的学与用，可以说贯穿自身的职业生涯。做学术性思考需要，做图书馆发展规划需要（《规程》为制定图书馆发展规划的指导性文件），做日常工作也需要（行动指南）。此次《规程》的修订过程，可以说笔者保持了较为密切的关注，《规程》发布之后，自身在积极学与用的同时，还努力做一些宣传推广工作。

《规程》的简史，根据有关资料，综述如下：1956 年高等教育部曾拟订了《中华人民共和国高等学校图书馆试行条例（草案）》；1981 年教育部对其进行修订后正式颁布了《中华人民共和国高等学校图书馆工作条例》；1987 年国家教育委员会对该条例再次修订并改名为《普通高等学校图书馆规程》重新颁布；2002 年教育部颁布《普通高等学校图书馆规程（修订）》（教高〔2002〕3 号）；2016 年颁布《普通高等学校图书馆规程》（教高〔2015〕14 号）。

对于新《规程》的产生过程，笔者略知一二。2013 年 6 月第四届教育部高等学校图书情报工作指导委员会成立后，把《普通高校图书馆规程》

的修订作为首要任务来落实，会后不久便成立了规程修订工作组，并发布了"关于征求《普通高等学校图书馆规程》修订意见的通知"。2013 年 12 月图工委秘书处向各省（市、区）图工委下发了征求修订意见的通知；2014 年 3 月修订工作组根据各省上报的意见对《规程》进行了第一次修改；2014 年 9 月修订工作组根据第二轮返回的意见对《规程》再次修改；2015 年还经历了系列讨论和修改。教育部教学条件处参加了部分修订工作会议。许多高校图书馆也不同程度地参与了《规程》的修订，可以说新《规程》的出台，经历了千锤百炼，是集体智慧的结晶，是一部与时俱进的规章。

《规程》进一步明确提出高校图书馆在体制机制、馆舍设备、经费、人员、文献资源、服务和管理等方面必须达到的基本要求；反映新技术的应用对图书馆的新要求；为各类型高校根据自身的情况制定具体的图书馆建设规划和管理制度留下扩展的空间；首次提出区分专业馆员和辅助馆员。

《规程》进一步明确了高校图书馆的主要任务：建设适应学校发展需要的文献信息资源体系，提供文献信息服务；全面参与学校人才培养过程和校园文化建设；实施信息素质教育；开展图书馆学及相关领域的学术研究；组织和协调全校的文献信息工作；参与文献保障体系建设，实行资源共建、共知、共享；发挥信息资源优势和馆员专业优势，为社会提供服务；做好资源评价与服务评价，提高资源的使用效益。

由于种种原因，当前高校图书馆事业非常需要这样一部规章。"国外和我国台湾、香港、澳门地区的高校图书馆普遍认为，中国内地的高校图书馆之所以在改革开放后实现快速发展，是因为主要依靠三大法宝——职称制度、文献检索课和图工委。这三大法宝都是教育部根据高校图书馆发展的实际情况而进行的成功的制度设计，受到全世界高校图书馆的普遍赞赏甚至羡慕，是中国为全球高校图书馆事业所贡献的精彩的'中国经验'"[2]。据笔者的观察，在今天，"三大法宝"正经受"烤验"，面临诸多棘手问题。比如职称制度，当前整个高校形势严峻，而高校图书馆作为学校教辅部门之一，越来越多的高校图书馆人觉得沮丧；文献检索课，很大比例高校开展困难，甚至有不少高校图书馆全面失守，无法开展文献检索课教学；图工委，近些年其凝聚力、战斗力似乎日渐式微，至于各高校类似"图工委"（比如文献资源建设委员会等）组织开展工作更加困难（一定比例属于象征性的存在）。"三大法宝"亟待雄起。比如，文献检索课与"实施信息素质教育"这一主要任务紧密结合起来。

《规程》中"第十一条 高等学校应根据发展目标、师生规模和图书馆的工作任务，确定图书馆工作人员编制。图书馆馆员包括专业馆员和辅助馆员，专业馆员的数量应不低于馆员总数 50%。专业馆员一般应具有硕士研究生及以上层次学历，并经过图书馆学专业教育或系统培训。辅助馆员一般应具有专科及以上层次学历，具体聘用条件根据工作岗位的要求和学校的人事管理制度确定"，一方面体现"以人为本"，另一方面实现起来可谓任重道远。据个人了解，许多"211 工程"层次高校距离"专业馆员的数量应不低于馆员总数 50%"比较远。还有现实的问题是，专业馆员、辅助馆员各应具备什么样的知识与技能，其实是很迷惑的。个人认为，专业馆员应该具备"实施信息素质教育"的能力，倘若"文献检索课"无法开展或未开展，专业馆员岗位数达标是个问题。至于"图书馆学系统培训"，什么叫系统培训？系统培训的内容是什么？……

《规程》是教育部这一国家机关制定的规范性文件，具有法律效力。事在人为，其贯彻落实需要高校图书馆主管机构及利益相关者（包括高校图书馆工作人员、高校图书馆用户、其他各类型图书馆等）共同关注、共同推动、共同受益。

（2016-3-23）

如何使研究更有意义？

科技论文是衡量研究者学术能力的一项重要指标，一方面"不发表就灭亡"，另一方面不知道有多少属于"发表即灭亡"。

一本入选国家哲学社会科学成果文库的专著（其中有 15 篇论文曾发表在《中国图书馆学报》等期刊上）[3]，出版 3 年，有 4 位知名教授撰写了学术书评并发表在 CSSCI 来源刊上。据读秀平台显示，只有 29 家图书馆收藏，总被引 0 次（注：指被图书引用）。这本书，我自己买了一本，认为确实是具备理论意义和现实意义的优秀成果，且具有较强的"时效性"（指文献"衰老"得较快）。给我的触动是，优秀研究成果发表之后的"科学普及"、甚至一般意义的宣传推广工作很不够，阻碍了其"应用价值"的进一步发挥，因而有关研究的"研究意义"亦大打折扣。科研成果出版之后，后续工作（或后期工作），尚需作者、读者、资助机构等利益相关者共同推动。

图谋博客从 2005 年 1 月 28 日开设起，设置一个版块"学海拾贝——各种载体信息资源的采集与编撰"。笔者开设这个版块 11 年来，努力做过国内外图书情报优秀成果的"论点摘编"或"改编"，其用心之一是为推动"科学普及"略尽绵薄之力，希望有关成果得到更多人的关注，进一步产生社会效益。我做"论点摘编"或"改编"，某种程度上是学习与模仿《新华文摘》《人大报刊复印资料》等刊物。同时，那属于较为传统的图书馆员职业能力范畴。我不知道这样的努力是否有价值，有多大价值，但有一点体会是，做此类事情的人越来越稀缺了。

拙作《图书馆学散论——科学网图谋博客精粹》[4]原本有"学海拾贝"那一辑，一是那块是"用心良苦"的，二是顾及体例的完整性。书稿中曾"精选"了20余篇博文，出版社复审和终审专家提出了质疑，建议将该辑删除，以避免不必要的麻烦。按照"规范"来，摘编不仅要征得作者同意，还要经得起"学术不端检测系统"复制比的检验。我对"学术不端检测系统"是有一定了解的，它有优点，但也有缺点，比如哪怕是双引号引用宪法条文，它也是计算在"文字复制比"之内的，"原则上"得用你自己的话表述，殊不知，"引用"有观点引用、材料引用、直接引用、间接引用……总之有时是即便有理也不一定说得清。果断接受了建议，以免后患。

时下，很多事情片面追求效率与效益，希望"立竿见影""速效""所见即所得""利益最大化"……然而，有些事情是需要"慢工出细活""长效机制""循序渐进"……作为科学研究，也许更多地需要关注"终极意义"，从长计议。从我个人角度，我愿意花时间"学海拾贝"，一方面是促进学习，一方面是希望让研究（包括自己那份微不足道的）更有意义。

（2016-3-6）

"吃亏"的学问

近期听了一场学术报告，报告人是厦门大学高坤山教授。报告末尾的互动环节，有青年教师向高教授请教如何发表高水平论文，提问时还简单说明了所处的学术环境，简单说就是：倡导发高水平论文，出大成果。高教授的回答，我理解的意思是，别忙惦记着那事，踏踏实实做事（做实验，最好是面向实际问题的实验，实验室中的实验有很多局限性，比如做海洋酸化研究，得多"下海"），水涨船高，水到渠成。高教授的回答与报告过程中表露的观点及其讲述的自身经历，我看是一脉相承的。比如报告过程中，他还提到当前有的研究生，急切地希望发表高影响因子论文，可是基础不牢；还提到慎重发表，文字是学者的脸面，一旦发表出来，就定妆了，如果存在错误或瑕疵，难以补妆；还提到不要迷信 *Nature*、*Science* 等大牌期刊，那些期刊也存在种种局限性，甚至有的是错误的（还具体举了例）……

我去听报告更多是以"学科馆员"的身份去听的，希望有助于了解服务对象的所做、所想、所需，以便更好地开展学科服务。听高教授的报告于我是有所启示的，其中包括引发我思考——"吃亏"的学问。

"'吃亏'的学问"有歧义，至少有两重含义，一是做学问是吃亏的，二是"吃亏"是有学问的。本文侧重的是后者。有道是"宝剑锋从磨砺出，梅花香自苦寒来。""吃得苦中苦，方为人上人""吃苦在前，享受在后"，这里边的"吃苦"，或许有一定比重属于"吃亏"范畴。吃得"大亏"，做得大学问。

据教育部科技发展中心李志民博士的观点，科研人员的绩效分析与评估，论文很重要，但不是唯一的指标，还包括：获得奖项、基金资助、学术大会主题发言，期刊的编委、论文（论文量、影响力、期刊）。一流大学教授四条标准：（1）国际会议有声音：特邀报告、主旨发言；（2）国际期刊有文章：主编、编委、审稿人；（3）国际学术组织中有地位：轮值主席、会长、副会长；（4）国际奖项中有名次：主要或突出贡献。一方面，我觉得李博士的总结很在理，很多学者在为此做出种种努力；另一方面，如果哪位学者企图四项全能，且尽可能赶在退休之前，我觉得未必能如愿以偿。特邀报告、主旨发言之类，或许可以用"台上一分钟，台下十年功"去描述。很多时候无法线性发展，直奔目标而去，须知"一将功成万骨枯""好花还须绿叶衬"……

人是社会的人，当前愿意甘坐冷板凳的人越来越稀缺了，都希望多快好省，名利双收。"理想很丰满，现实很骨感"，很多人选择向现实"低头"或"妥协"，一点亏都不想吃或吃不得，或者希望"吃亏"最小化。遗憾的是，造化弄人，好些时候"聪明反被聪明误"。

作为学人或学者，也许该琢磨琢磨"吃亏"的学问。"吃亏"或许是一剂良药，偶尔服用，有助于安定、醒脑、提神、强身。药效，有速效、长效之分，当然也有可能无效，甚至有毒副作用。服用方法：有口服、煎服、吞服等多种，甚至还有可能不是"自理"，是由他人"强制执行"。"吃亏"有风险，服用宜理性。

（2016-5-21）

关于高校图书馆员职业能力的思考

《大学与研究图书馆新闻》（*C&RL News*）2016年第6期发布了美国大学与研究图书馆协会（ACRL）研究计划与审查委员会撰写的研究报告《2016年高校图书馆发展大趋势》[5]。该趋势报告从2010年起每两年发布一次。2016年的9大趋势为：研究数据服务（Research Data Services）；数字学术（Digital Scholarship）；馆藏评估趋势（Collection Assessment Trends）；图书馆集成系统与内容提供商/完成并购（ILS and Content Provider/Fulfillment Mergers）；学习证据：学生成功，学习分析，证照审核（Evidence of Learning：Student Success，Learning Analytics，Credentialing）；高等教育信息素养框架新方向（New Directions with the Framework for Information Literacy for Higher Education）；替代计量学（Altmetrics）；新兴员工职位（Emerging Staff Positions）；开放教育资源（Open Educational Resources）。

大学与研究图书馆协会是美国图书馆协会最大的分支机构，拥有会员11000余人，接近美国图书馆协会成员数量的五分之一。它成立于1940年，致力于促进学习与学术转化，由它发布的高校图书馆发展大趋势有"风向标"意义。如果浏览近两年的国内图书情报核心期刊，相关内容占很大比重。欧洲研究图书馆协会、北美研究图书馆协会、加拿大研究图书馆协会、和开放获取知识库联盟共同创建了一个联合工作小组，该工作小组的首要工作是确定在数字化科研、知识库管理和学术交流的环境下图书馆的服务渠道。该工作小组根据这些服务和角色——探讨图书馆专业人士需具备的能力。2016年6月已发布《学术交流与开放获取馆员能力框架》[6]与《研究数据馆员能力框架》[7]，这两个能力框架有助于图书馆员认识自身所在机构在技能方面的差距，依据有关职位能力的描述，可以开展自我评估，亦可供职业能力培训提供参考。

2015年春季圣何塞州立大学信息学院分析了图书情报领域招聘广告中出现的400个新兴职位。总体趋势呈现：熟悉技术与技术支持，聚焦用户体验，支持虚拟服务，数字人文与知识管理。企业领域也对这些职业技能集的兴趣持续增长。合作、团队协作与沟通在所有职位描述中也是最为普通的技能。鼓励求职者加强学习新兴技术，数据分析与可视化及地理信息系统。

面对上述"新业态"，对于图书馆这一行，我不知是喜是忧。我的一个综合印象是理论研究热火朝天，实践层面似乎可以用"安之若素"概括。

笔者作为一名高校图书馆馆员，在经历变革，观察变革，思考变革。近期了解到几件事，有一所综合性大学，据说因学校经费紧张，2015年将所有数字资源停掉，2016年"顶不住"压力，又陆续买入。我作为数字资源采访馆员，听了之后感觉很惊诧。有一高校青年教师，具有知名"985高校"博士学历，不知道所在学校的数字资源怎么用，且对"与时俱进"的移动图书馆服务比较排斥。有一位"211高校"研究生，二年级了，不知道其所在学校购买了ScienceDirect数据库，说是按字母E搜索未找到，他不知道ScienceDirect数据库是荷兰爱思唯尔（Elsevier）出版集团的核心产品，只顾找"Elsevier"数据库去了。有的高校，在校园内的宿舍区无法使用"校园网"（学校购买的数字资源通常是基于"校园网IP范围"授权的），公共机房及能上校园网的无线网络区域状况比较糟糕，也就是说学生群体基本无法使用学校购买的数字资源。在我国，提升高校图书馆员职业能力这事，任重道远，亟待有的放矢，循序渐进。

（2016-7-1）

审稿人角色

我的审稿人角色，是先从学术图书做起，再做学术期刊的审稿人，时间均不长。

我从 2001 年开始正式发表期刊论文，从 2009 年开始出版第一本学术专著，也就是以作者身份经历了若干次被审稿。我还曾有幸做过幕后审稿人，也就是做辅助工作，包括博士、硕士学位论文及期刊论文，得到了锻炼机会。除此之外，还曾浏览过他人的审稿手稿或心得体会，包括种种对评审意见的"吐槽"，且不仅限于图书情报领域。我似乎多年前就预见自身将来亦要承担这方面的工作，但具体让我履行这一角色时，发现准备并不充分，能力与精力也是问题，一方面是尽力而为，另一方面则是量力而行。

考虑到审稿这方面的事情，今后可能会越来越多，我自身得悠着点，需要把握好"度"，专门请教了一位优秀的图书情报学术期刊编辑指点迷津。学术期刊的同行评审，期刊方面通常期望审稿人在多长时间内完成审阅任务？答复是："一般而言，越快越好，建议不超过半个月。因为作者等得急，太长，会产生焦虑，或者一稿多投。很多时候，刊发时间长，与审稿周期长有关。"作者的心情，我比较能理解。我作为审稿人，属于性子比较急的，做事比较快，但快了也有一些顾虑：一方面担心快了，"东家"不高兴；另一方面担心"东家"认为你"好用"，派活过频。我有过为出版社审书稿的经历，头一次审，出版社方有点嫌我完成得太快了，但看过我所做的工作之后，还是比较满意的。紧接着又让我审了两本，并期望我能长期支持。其实，我的"快"，通常是下了死功夫，也就是高强度的工作，且将做这事的优先级提得特别高（比如比吃饭、睡觉更重要），频率高了，承受不来。那位学术期刊编辑友人告诉我："又好又快，是最好的。审稿数量，建议与对方进行沟通"，还介绍了自己的做法，很受用。

另一名非图书情报学术期刊编辑，在向所有审稿专家表示感谢的同时，对审稿专家提了一个建议："在接到审稿通知时，尽快看一眼稿件，并作两个判断，一是能不能审，若不能审，尽快退审；若能审，则作第二判断，是否可能录用，若一看就不可能录用，则尽快举枪，因为我以为，枪毙一篇稿件是不用费太多精力的。若可能可用（不是一定可用），则可以慢慢来，在编辑部希望的时间内审回即可"，这个建议很务实，具备很高的参考价值。

待审稿人这个角色，我认为属于"学术责任"范畴，饮水思源，薪火相承。主观上，我会努力尽心尽责，争取做到"又好又快"。作为一名草根，随着岁月的流逝，有幸结识了许多位图书情报期刊、出版社学术图书编辑，他们都是那么敬业、乐业，可亲可敬，可谓三生有幸。好些刚开始只是"神交"，后来，居然有种种机缘相遇相知。从这个角度，我也"逃不脱"相助绵薄之力的责任。

审稿人角色于我真是"任重道远"，尚需边学边做，切记"且行且珍惜"。

（2016-8-28）

图书馆馆藏计量标准或方法闲话

关于图书馆馆藏计量标准或方法，这是一个令人相当困惑的问题。近段时间，我下了点功夫，试图理一理。

高校图书馆工作中，时不时需要填报关于馆藏情况的若干数据。比如教育部高校图书馆事实数据库系统、教育部教学条件数据、学科评估数据、专业评估数据等，此外学校网站或图书馆网站，通常会提及馆藏数据，图书馆馆长经济责任审计时也需要填报馆藏数据。种种原因，那些数据因为缺乏统一的计量标准或方法，数据的有效性、真实性、准确性、可比性等均是"仅供参考"的。

馆藏计量范围，主要有：纸质图书（万册）、中文纸质期刊（种）、电子图书（万册）、中文全文电子期刊（种）、中外文数据库（个）、自建数据库（个）、数字资源总量（GB）、文献总量（万册）。更具体一点，包括：图书馆收藏的各种印刷型文献，如图书、期刊、地图、画册等；图书馆收藏的各种音像制品和缩微制品，如磁带、录像带、CD、VCD、DVD、缩微胶卷、缩微平片等；图书馆具有所有权的电子文献，如各类数据库的本地镜像、光盘等；图书馆自己建设的特色数据库、本馆印刷型文献的数字化制品；图书馆购买了使用权的非本地镜像的电子文献，如全文电子期刊、电子图书、电子百科全书、文摘和题录数据库、事实数据库等。

纸质图书、纸质期刊属于传统资源。纸质图书通常用多少种，多少册计量；纸质期刊的计量相对来说复杂多了，因为期刊的出版周期有许多种，有的还会装订成册，合订本有的是 1 年订成一册，有的是 1 年分开装订成若干册。许多高校馆各自进行过一次或若干次馆藏清点，其中的状况复杂，在当前的环境下，要真正盘点清楚是非常困难的。高校这些年的变化不小，比如合并办学、办学层次提升，大多数高校都存在。馆藏是如何处理的？当前认真开展馆藏剔旧的高校馆并不多见，除了因需要应对各种评估之外，还有就是人力资源大多越来越紧张，若干基础工作力不从心。图书馆集成管理系统中的数据，靠谱的程度也是令人担忧的，当前，大多数图书馆都提供了馆藏目录公共查询，个人实际体验过若干大型公共图书馆及不同办学层次高校图书馆的公共查询系统，信息查询结果呈现可以暴露种种问题，信息获取方面可能存在的问题更多。

数字资源的计量格外复杂。数字资源的类型有许多，计量单位也多种多样。以中文电子期刊为例，数据库商自身提供的数据通常"水分"较大，加上购买的方式、获取服务的方式等各异，很难理清楚。不同数据库商收录的期刊，收录的时间范围、数据更新的时间、收录的类型（全文或文摘）、收录的标准、收录的种类等有不少不确定因素。许多高校馆同时买了两种或更多种中文电子期刊，要说清楚其总共有多少种，谈何容易？有的时候还要求说有多少册，这更是难上加难。假如还要与纸质期刊"查重"，那就更加复杂了。

高校图书馆，通常依据国家或有关机构颁布的文件作为计量标准，主要有：教育部《普通高等学校基本办学条件指标合格标准》（教发〔2004〕2 号）；教育部高等学校图书情报工作指导委员会《普通高等学校图书馆评估指标（修改稿）》；教育部高等学校图书情报工作指导委员会、中国高等教育文献保障系统（CALIS）管理中心《高等学校图书馆数字资源计量指南（2007 年）》。公共图书馆，文化部自 1994 年以来，已开展了 5 次全国县级以上公共图书馆评估定级工作，马上要进行第 6 次，个人目前尚不了解其计量标准或计量方法。

于良芝教授 2016 年出版的《图书馆情报学概论》中对图书馆进行了重新定义："如果我们不是根据图书馆的形态而是根据它的本质功能来定义它，那么，可以将图书馆定义为：通过对文献进行系统收集、加工、保管、传递，对文献中的信息进行组织、整理、传递、传播，以保障信息的有效查询与有效获取的实体或虚拟平台。"[8] 馆藏评价是图书馆工作的基础，也是重中之重。图书馆馆藏计量标准或方法需要进一步明晰，否则图书馆的"本质功能"缩手缩脚，难以得到有效的发挥。

（2016-9-16）

闲话高校基本办学条件与文献资源建设

据《大学图书馆学报》2017 年第 1 期朱强主编新年寄语中透露："协助教育部规划司完成《普通高等学校基本办学条件指标（试行）》中'生均图书'指标的修订，与时俱进地将电子图书纳入统计范围，高等学校教学评估指标体系也将做相应修改。"作为高校图书馆工作者，尤其是从事高校图书馆文献资源建设的工作者，格外关注高校基本办学条件指标的修订。它不仅与馆藏发展政策密切相关，还与高校图书馆的管理与服务转型升级密切相关。

2017 年 1 月 25 日，教育部印发了《关于"十三五"时期高等学校设置工作的意见》[9]，提出了总体思路，其中重要的改变是严格依规申报，严格标准，教育部每年集中受理一次普通本科学校的设置申请，具体设置标准也将会印发。该文件中提及"高等教育总体上可分为研究型、应用型和职业技能型三大类型""坚决纠正部分高等学校贪大求全，为了更名，升格盲目向综合性、多科性发展的倾向，严格依据标准审批'学院'更名'大学'，切实引导存量高等学校把精力和资源用于特色学科专业建设与内涵发展上来""各地要根据存量高等学校的经费投入、办学条件、学生就业等因素，逐校核定办学规模。对于办学条件不达标、经费支撑能力不足的高等学校，教育行政（主管）部门已经提出限期整改要求，但逾期仍然不能改正的，要采取限制招生、暂停招生的措施乃至在保障平稳前提下依法报审批机关撤销并按照国家有关规定妥善安置学校资产和人员"。

按照2004年教育部印发的《普通高等学校基本办学条件指标（试行）》[10]，基本办学条件指标分本科、高职（专科）。学校类别有：综合、师范、民族院校；工科、农、林院校；医学院校；语文、财经、政法院校、体育院校、艺术院校。本科层次生均图书（册/生）分别为：100、80、80、100、70、80。监测办学条件指标合格要求为：本科层次生均年进书量（册）分别为：4、3、4、3、4。另有备注"凡折合在校生超过30000人的高校，当年进书量超过9万册，该项指标即为合格。"2006年教育部印发《普通本科学校设置暂行规定》（俗称2006版大学设置标准）[11]，"基础设施"中"图书。普通本科学校生均适用图书，理、工、农、医类应不低于80册，人文、社会科学类和师范院校应不低于100册，体育、艺术类应不低于80册。各校都应建有现代电子图书系统和计算机网络服务体系。"时隔10余年，高校图书馆馆藏发展政策主要是围绕上述指挥棒转。时过境迁，确实是需要有所转变，尽可能地"与时俱进"。

2017年2月17日，由全国馆配商联盟主办的第七届中国馆配高层论坛暨2017年度全国馆配商联盟年会在长沙举行。全国馆配商联盟理事长邹进分析了电子图书对未来图书馆的意义。其报告中透露：电子图书将计入馆藏评估指标1种计为1册；电子期刊将计入馆藏评估指标1种1年为1册（其他渠道获悉，外文1种1年计2册）；电子资源比例不超过40%。全国高职高专院校图书馆评价指标体系综合、师范、民族、文史、财经类院校纸质藏书不少于40万册；电子图书不少于25万册；电子资源比例不超过40%[12]。据了解全国高职高专院校图书馆评价指标体系是教育部高校图工委高职高专分委会去年搞的一个项目，由广东的一位馆长牵头。上述信息尚属灰色信息，当前尚未见到正式文件。但可以肯定的是，有着较高的参考价值，因为发展的大方向是正确的。

根据《2015 年高校图书馆发展概况》，教育部高校图书馆事实数据库中，737 所高校图书馆提交了有效的文献资源购置费数据，平均值约为 490.2 万元（2014 年为 481.1 万元）。文献资源购置经费排在前 4 位的是：武汉大学、中山大学、四川大学、华中科技大学，均超过 4000 万元。665 所高校图书馆提交了有效的数字资源采购费，平均值为 251.4 万元。高校图书馆数字资源采购费用的投入离散度很大，馆际差别显著。此项投入，2015 年排在前五位的是：华中科技大学 2981 万元；四川大学 2749 万元；上海交通大学 2402 万元；武汉大学 2145 万元；厦门大学 2115 万元。上述数字可以粗略反映高校间办学条件的差距，也可看到数字资源在高校文献资源建设中举足轻重地位。

以往的基本办学条件指标，强调纸质图书，未考虑数字资源。然而，馆藏文献的比重持续向数字化方向倾斜，目前的三个 70%：70% 的读者首先选择数字资源；数字资源能够满足 70% 的读者需求；馆藏利用率最多的资源 70% 是数字资源。强调纸质图书，还带来一个问题是，即便有钱买书，不见得有地儿放书。许多馆馆藏空间很紧张，且日益紧张。此外，2006 版大学设置标准中有"适用图书"四个字，种种原因，大多高校似乎没看见，或者装作没看见。如果认真按照"适用图书"去做，许多高校不小比例的印刷型馆藏需要剔除，尤其是那些兼并了不同办学层次的高校（或学校）。当前，存在较大比例的高校图书馆，馆藏剔旧工作中止了，部分原因是受基本办学条件指标"保护"。

武夷山先生介绍 2017 年 2 月 7 日《学术出版》在线发表的芬兰汉肯经济学院信息系统科学教授 Bo-Christer Björk 的文章，*Gold, Green and Black Open Access*（金色 OA、绿色 OA 和黑色 OA）[12]。"黑色 OA"是指从学术社交网（如 Mendeley、Research Gate、Academia.edu 等）或非法提供学术论文全文的网站（典型的如俄罗斯的 Sci-Hub）上可以免费下载大量本应交费浏览的学术文章。文献需求方通过推特搜求特定文献,有时候,该文献的作者就直接全文推送了,有时候,某热心人在本单位图书馆下载了这篇文献,就全文上传了。"黑色 OA"的发展非常快,重要原因之一是通过学术社交网提交文献全文 PDF 版本很方便。当前,"黑色 OA"的影响力非常大,甚至越来越大。存在各种各样含"图书馆"字样的网站,提供有偿文献服务,有着较为稳定的用户群。某种意义上,其对消弭高校基本办学条件(含文献资源)之间的鸿沟有"突出贡献"。同时,也给高校图书馆的文献资源建设工作带来不同程度的困扰。有条件不错的高校图书馆同行说:"去我们学校的好几个学院调研,老师说根本不知道图书馆买了那么多数字资源,他们很多都是自己搞定的。他们都有自己获取文献的渠道。"若干高校设"图书馆工作委员会",重要职能之一是"审议图书馆年度文献资源采购计划与预算",有一定比例的委员不大积极,部分原因是其自身有获取文献的渠道。

依据《普通高等学校图书馆规程》,"高等学校图书馆的建设和发展应与学校的建设和发展相适应,其水平是学校总体水平的重要标志"。高校图书馆的主要任务是:"建设全校的文献信息资源体系,为教学、科研和学科建设提供文献信息保障;建立健全全校的文献信息服务体系,方便全校师生获取各类信息;不断拓展和深化服务,积极参与学校人才培养、信息化建设和校园文化建设;发挥信息资源优势和专业服务优势,为社会服务。"期待明天会更好!

(2017-3-1)

有一种焦虑叫"渴研"

近年，我的科研产出很低，尤其是学术论文方面。作为曾经的"高产作者"，会有一种莫名的不安。

早些年是有意放慢节奏，希望进一步夯实基础，降低产量提升质量。稍后一些，科研时间锐减，因为小孩出生、妻子攻博，"大块时间"稀缺。虽然曾经有过做数篇像样文章的想法，且有一些资料积累及思考，但均"流产"了。近几年，单单是年年折腾职称，就消耗了不少时间和精力，加上工作上投入了许多时间和精力，科研方面所剩下的时间不多。2016 年 11 月，职称方面算是有了"结果"，原打算争取写几篇像样的东西出来，未料接连遇到亲人大病，身心俱疲……

理想的科研成果产生：需要大量阅读文献，认真做读书笔记；需要深入调研与思考，认真积累素材；需要积极学习与利用各种工具、软件等；需要积极探索与实践（实验），借此使得研究成果更具现实意义；需要积极参与学术交流，相互砥砺，相互促进……既有脑力劳动，又有体力劳动，还得有几分悟性与灵性。

回顾自身的学术经历，自认为是很幸运的，曾拥有一系列机遇。1999年本科毕业到高校图书馆工作，2000 年开始做图书馆技术部负责人，且参与了新馆建设，自然而然地涉足数字图书馆建设探索与实践。2005 年获得了脱产三年读研究生的机会，我很珍惜这个来之不易的机会，期间结识许多师友，他们不同程度影响着我、激励着我，而且有可能持续余生。我的硕士论文曾有一个"宏大"的写作计划，打算写一部20万字左右的专著，可谓"野心勃勃"。刘磊教授、刘炜研究员、于良芝教授等人的提点，让我认识到研究生阶段是科学研究精神培养及科学研究方法训练的黄金时期，及时调整了方向。硕士期间的核心研究成果之一《高校数字图书馆建设评估指标体系研究》在毕业当年发表于《大学图书馆学报》2008年第5期，长达8页[14]，对我来说这算是第一篇较为规范的"研究论文"，或许可以算是我当前的"代表作"，中国知网显示有35次被引。这篇论文的录用与发表，对增强我的学术自信有很大帮助。2009年我争取将其出版出来，并于2013年获得了修订再版的机会。2009年那一版，我居然大胆地向师友赠送出400余册，全国各地寄，甚至有两本寄往国外，一本寄美国，一本寄新西兰。2013年的版本，读秀显示目前有371家图书馆收藏。硕士论文在中国知网的表现是：被引7次，下载1090次。我不知道我的表现究竟有多"另类"，但我知道这种情况确实是比较罕见的。如今回顾起来，感觉是多么无知无畏，多么不可思议。我无法客观进行价值评判，但颇为赞同"经历是财富"，自身或多或少有所进步。

或许我算理想主义者或完美主义者。"积极进取，愈挫愈奋，凡事干则有成"是我在学生时代拟定的人生信条，还曾在校报上亮相。一方面我很知足，我出生在遥远的小山村，儿时的梦想是做一名小学教师，不要"作田"。我15岁之前是在农村成长的，干过些农活，吃过些苦头，印象最深刻的是有一年夏天，在离家近5华里的三小块地（总共两分六厘，最大一块两分一厘，另两块分别为三厘、二厘）收割早稻，下起了倾盆大雨，雷电交加，前后能避雨的只有两处小亭子，距离均比较远，且路不好走，即使能赶过去也不一定挤得下，只是那里可能人多一些，可以相互调侃、壮胆。全家拆打谷机板避雨，刚开始根本没想赶往亭子，感觉电闪雷鸣就在头上，吓得直哆嗦，一家人还是往亭子赶，等赶到亭子那，雨也小了，一会儿就晴了，那类天气，时不时会听到传闻临近乡村有人遭雷击至死，恐怖程度可想而知。一方面似乎心气不低，自小有通过读书改变命运的愿望，相信别人能行自己也行，且似乎有几分属于盲目自信。因为我的学习成绩，总体表现平淡无奇，1989年参加中考成绩一塌糊涂，父亲通过找关系才得到复读机会。我的"心气不低"溯源，或许有一部分源自乡土教材，其中有不少乡土人文历史故事，具有正能量。故乡地处江西中部，抚州西南部，与"千古一村"流坑接壤，2012年先后入选江西省历史文化名村、中国传统村落名录的村落，故乡那片土地确实人才辈出，关于解缙、罗洪先的故事传说有不少，1997年流坑村被发现，声名鹊起，誉之"近千年来，流坑科举之盛，仕宦之众，在江西独一无二，在全国也是少见的"。

人事有代谢，往来成古今。年逾不惑，期待"渴研"焦虑适可而止，多一份恬淡与从容。

（2017-3-4）

图书馆的名义之尴尬事

作为高校图书馆，"主要职能是教育职能和信息服务职能。图书馆应充分发挥在学校人才培养、科学研究、社会服务和文化传承创新中的作用。"高校图书馆的主要任务中有一条："发挥信息资源优势和专业服务优势，为社会服务。"关于信息服务方面，若干场合需要以"图书馆的名义"，本文闲话图书馆的名义之尴尬事。

关于科技查新报告。科技查新报告盖的某某科技查新站的章，实质上多是以图书馆的名义，属于图书馆"发挥信息资源优势和专业服务优势，为社会服务"范畴。科技查新工作的现实处境是尴尬的，不少科研人员对科技查新工作"深恶痛绝"，关于科技查新报告的批评之声，经久不息。俗话说，没有无缘无故的爱，也没有无缘无故的恨。科技查新报告作为增值服务，通常是"有偿服务"。种种原因，实践中，但凡委托做，大多数可以得到一份科技查新报告。假如被拒了，那查新站也不可能收费。查新员会尽可能地做好服务，否则老做无用功，自身工作任务（或绩效考核）无法完成。

关于论文收录/引用证明。好些场合需要此类证明，比如作为科研奖励、成果报奖、职称晋升等支撑材料。有的学校没有买 Web of Science、EI、CSSCI 等数据库，通常是委托某一家具有查新资质的图书馆代做。这样的话不仅会产生费用，还需要耗费些时间。收费标准及所需耗费的时间会有所不同。有时有的委托人很不理解为什么只认某一家？其实可理解为遵循

"最省力法则"，假如全面放开，存在风险，比如需要进行二次甄别（格式上有所不同、印章也不同，真伪难辨）。有的学校本身有相关数据库，用户可以自己查，但通常也需要"图书馆的名义"，否则在规范性、准确性方面可能存在问题。这方面，还有若干个性化需求或存在种种特殊情况，包括第一作者、第一机构、通讯作者、收录时间、期刊分区等方面，委托人通常希望得到对自己有利的报告，有些场合还真是"臣妾办不到"。

关于论文/图书真伪证明。有些机构职称评审会要求由图书馆出具相关证明。这方面的工作越来越难做。学术期刊方面，比如要求以某数据库检索结果为准。实际上该数据库的收录并不全面。除此之外，还有所收录的刊物有些是"算不得数"或者"应该不算数"的情况。比如遇到一种刊物，数据库中的"高级检索"无法检索到，但在期刊导航中可以检索到，更有意思的是，整本刊同一个页码有两篇不同的论文。这种情形，以图书馆的名义出具证明——没毛病，否则用户不满意，后果可能挺严重。图书方面，较为权威的是以国家新闻出版广电总局网站 CIP 数据核字号查询结果为参考。实践中会发现，核查并不简单，比如查询网站稳定性不尽人意，有些结果并不准确，还可能存在"技术性犯规"情形。

关于论文转载真伪鉴别。人文社科权威学术文摘，主要指《新华文摘》《中国社会科学文摘》《高等学校文科学术文摘》《人大报刊复印资料》等权威学术文摘。如何知道或者查阅学术论文被人文社科权威学术文摘全文转载？途径是什么？不少高校科研管理部门及人文社科科研工作者比较关注。这块确实很困难，《人大报刊复印资料》有较为成熟的数据库，其他几家尚没有。有人曾发来《人大报刊复印资料》转载通知，让我辨真伪。该通知有模有样，让交转载费若干。虽然我的第一感觉是假的，但要充分证明或说明其是假的并不容易。委托人原本还处于喜悦的兴奋之中，我某种程度上是以图书馆的名义去扫人家的兴，很无趣。

关于论文查重（学术不端检测）。由于工作的原因，本人对这块有一定的关注，认为：论文查重（学术不端检测）根本不存在全面、权威，因为是因需而变的。各种查重服务，各有所长。有人认为："自己写的，都不用担心""自己写的应该没问题"……实际不然，主要有3点：① 学术规范并没有普适标准；② "阈值"是"第三方"定的；③ 其他因素，所采用的数据源、比对技术等均是影响因素。很多高校购买了论文查重（学术不端检测）系统，具体提供服务的方式，各校各有各的做法。通常是所在机构提供免费查重机会，但不是说可以随时随地随意查。有一种较为常见的模式是，教务处或学位办采购查重系统，权限分配到教学秘书或科研秘书，由他们负责此项工作（以批量查重为主）。图书馆承担此项工作的也有，但以负责账号管理居多。此项工作在毕业季，时间紧，任务重。学生及其指导教师，从自身实际出发，会预先采取行动，减少麻烦。关于论文查重（学术不端检测）服务，"免费的，好用的"确实存在较大的安全隐患，"×宝"上的也确实存在风险。网络上铺天盖地的"代写代发"服务，真真假假，"原材料"或许有一定比例来自非常手段截获的。因此对于一些较为重要的成果，尽可能找可靠渠道。基于上述情形，很难以图书馆的名义提供满意地服务，尽管如此，通常我会进一步建议：关于学术规范，可参考《学术期刊论文不端行为界定标准（公开征求意见稿）》（http：//check. cnki. net/Article/rule/2012/12/542. html）。该文发布的时间为2012年12月28日，该标准虽未正式成为法或标准（国家、部委或行业），但有较高的参考价值。如此建议，"基本原理"是"身正不怕影子斜"。

上述图书馆的名义之尴尬事，自身不同程度亲历，并不全面，也并不见得准确。尴尬之事，纠结之时，"看人长处，帮人难处，记人好处"，处处学问，处处留心。

（2017-4-16）

如何促进图书馆学实证研究成果的推广与普及？

  2016 年 7 月 16 日，2016 南开大学第 6 届图书馆学实证研究博士生学术会议联系人吴子璇老师问我："徐老师邀请您在会议开幕时作为馆员代表做一个两到五分钟的简短发言。请问，您同意吗？"我回复："很好，非常感谢！"并告知我的发言主题为：如何促进图书馆学实证研究成果的推广与普及。

  我是带着这个问题来参会、来学习的。会议报名表中"需要诊断的问题"，我填写的是：如何促进图书馆学实证研究成果的推广与普及？备注中我填写的是："我是一名图书馆员，同时是图谋博客撰写者、圕人堂 QQ 群创建者，10 余年来，一方面在进行实证研究的探索与实践，一方面在为推动图书馆学规范性研究的科学普及略尽绵薄之力。数年来对徐建华教授组织的实证研究盛会颇为关注，可谓'艳羡已久'，希望今年能有机会参加学习，且期待拜会诸位尊敬的师长、结识'志同道合'的同人。"早在第一届图书馆学实证研究会议时，徐教授曾专门邀请过我，遗憾的是未能成行，错失良机，如今美梦成真，三生有幸！感谢徐教授！感谢南开大学商学院！

  今天，可以说图书馆学实证研究成果已取得了一定成绩，但已显露出一个新问题：如何促进图书馆学实证研究成果的推广与普及？吴慰慈先生认为，当代图书馆学人应当担负的学术责任，主要有 6 点：进一步增强科研能力；严谨治学，摒弃"简单化"；高度重视理论创新；关注方法论应用；重视跨学科、跨领域和跨国的研究合作。我以为，促进图书馆学实证研究成果的推广与普及亦属于"当代图书馆学人的学术责任"范畴，值得包括研究者在内的图书馆人关注与思考。2016年7月15日科学网图谋博客发布了一篇博文《如何促进图书馆学实证研究成果的推广与普及》，该文"聚焦"国家社会科学基金项目"图书馆事业发展中的科学发展观研究"（项目编号：06BTQ007）研究成果，希望"一举多得"，既有助于该成果科学普及，又能更好地促进对图书馆学实证研究成果的关注与思考……

徐教授此项实证研究成果是团队合作的典范，分工合理，各司其职，团结协作，硕果累累。先后在图书情报领域重要期刊发表论文35篇，其中《中国图书馆学报》发表两篇。2014年7月天津大学出版了专著《科学发展观与图书馆员快乐指数》。在博文中，我介绍了：被引次数TOP5，最高的是2007年《图书情报工作》上发表的《当代图书馆员"快乐指数"调查主报告》，被引49次，第5名有两篇均为24次；被下载次数TOP5，最高的是2014年《中国图书馆学报》上发表的《群体比较视角下图书馆员内隐刻板印象实验研究》，被下载846次，第5名为578次；读秀中《科学发展观与图书馆员快乐指数》一书"收藏馆"数为93家。上述数字，或许有助于"管中窥豹"，其中用意，不言而喻。

2010年7月27日拜读徐教授为《图书情报知识》写的卷首语之后，我曾给徐教授写过一封信汇报读后感，其中有："关于实证研究的进一步推动。我认为实证研究是有'门槛'的，不仅需要有良好的学术精神且受过较为系统的研究方法训练，还需要具备良好的研究条件（比如经费保障、团队协作等）。这几年有许多冠以实证研究的成果，其实很多是名不副实的，主要原因为'力不从心'。这几年也有一定数量的高水平实证研究成果，但关注度远远不够，被淹没或被埋没了。关于图书馆学研究该怎么做？

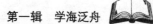

这是一个很宏大的问题。我自己的感悟是，加强科学研究方法的训练，积极拓宽科学视野，不断丰富自己，立足实际，审视过去，放眼未来，有所创造。至于他人怎么做，八仙过海，各显神通，百花齐放，关键在于尽可能地适合自己、持续进步"。6年后的今天，促进图书馆学实证研究成果的推广与普及，是当代图书馆学人的学术责任之一。

期待图书馆学研究多一些过得硬成果，不仅能够自成体系自圆其说，且能够被同行广泛认可，具备一定影响力。

（2016-7-26）

《书香英伦》背后的故事

2016 年 8 月 5 日，知识产权出版社许波编辑给我转发喜报，恭喜刘欣老师的《书香英伦——英国图书馆之旅》[15] 入选《全民阅读好书推荐书目（2015—2016）》。我很高兴。《圕人堂周讯（总第 117 期 20160805）》大事记中记录："刘欣《书香英伦——英国图书馆之旅》（知识产权出版社，2016.3）入选《全民阅读好书推荐书目（2015—2016）》，该书目是由中国图书馆学会、韬奋基金会、中国出版集团公司、中国新华书店协会、中国书刊发行业协会及承办单位《图书馆报》共同发起的'全民阅读好书推选活动（2015—2016）'。这是圕人堂的喜事！因为该书的每一环节都得益于圕人力量的推动，凝聚了许多位圕人堂成员的汗水。"

《书香英伦——英国图书馆之旅》一书是作者在英国访学期间撰写的一本专业游记。作者以一名专业图书馆员的独特视角，以细腻的笔触、清新的文风及图文并茂的方式，向我们描述了英国图书馆等文化机构的异域风格和遍及英伦的浓郁的文化氛围。全书共分四部分，分别为大学图书馆篇，公共图书馆篇，博物馆、美术馆、名人故居篇和闲趣与思考篇。本书既适合与图书馆有关的从业者阅读，也适合向往图书馆工作、喜欢读书、喜欢旅行的人士阅读。

科学网圕人堂专题从 2015 年 4 月 8 日开始连载《欣然读书：图书馆员书香英伦之旅》，连载时编者按为"圕人堂成员欣然读书利用英国访学机会参观了数十家图书馆，并曾在圕人堂'镜头下的图书馆模样'相册中分享了大量照片，访学归国后撰写了系列游记。科学网圕人堂专题将予以连载。"连载至 2015 年 6 月 23 日结束，共 22 篇博文，其中 10 篇被科学网精选。

早在 2015 年 4 月 9 日，我曾告知刘欣老师"当前做好规整工作，争取今后有机缘正式出版出来。……你按照你的写作计划进行下去，会是一本比较受欢迎的图书。"早在 2013 年，我曾向丘东江先生推荐南开大学王芳教授的图书馆游记系列作为选题入选图书馆员实用读物《21 世纪图书馆学丛书》第 4 辑。2015 年 6 月 25 日《书香英伦》完成初步整理，7 月 24 日《书香英伦》书稿雏形成型。2015 年 8 月 26 日开始向知识产权出版社推荐该选题。2015 年 10 月 31 日，正式签订了出版合同。该书的初审，出版社方委托我做，2015 年 12 月完成，初审加工重要修改记录有 13 页（130 处以上）。我的初审意见是这么写的："本书以书香为主题的英国图书馆游记，同时可视作全方位多角度深层次的英国图书馆考察报告。每篇文章文字和照片相映成趣，记录了作者在英国期间参观访问图书馆时所见所闻，所思所感。不仅有助于了解'海外馆情'，对我国图书馆建设及图书馆事业发展具有较高参考价值，而且对推动书香中国建设具有一定的现实指导意义。全书图文并茂，文笔生动，可供广大图书情报工作者、图书情报领域师生以及爱阅读、爱旅行的人士阅读，且有可能成为畅销书，乃至长销书。达到了选题立项要求。"2016 年 4 月 21 日，许波告诉我给我快递了一本《书香英伦》，比给作者的书还稍快。作者是 2016 年 4 月 25 日拿到书的。

《书香英伦》的出版，背后有着许多故事。作者方面，2015 年 4 月 4 日刚结束英国的访学回到国内，4 月 7 日告诉我："学校在迎接教育部评估，一回到单位上班就有数不清的事情，连晚上的时间也很难独立拥有。"作者是馆长，其辛劳程度可想而知。2015 年 5 月 17 日作者告知："正在老家照顾病重的老父亲,最近分身乏术,身心俱疲。父亲三十年前卖房卖家供我上了大学,书香英伦系列算是我给父亲交的一份作业,希望父亲能好起来。"2015年8月25日收到作者的一条信息:"王老师,明天我要回老家给我父亲上坟去,大约后天或者28号才能回来。我先把改过一遍的稿子发给你,麻烦你再看一看,还有哪些明显需要修改的。第四部分还差一篇,已经成稿,我再修改几遍再定稿;关于序和后记,我想再等一等,其中王波老师回应说,等他通读完全稿后会尽快回复我。后记已初步构思,我想根据序的情况再成稿。不知这些会不会影响你跟出版社沟通。有需要修改的请留言即可,我在老家也尽量抽时间赶一下。"出版社方,责任编辑像高速陀螺,经常加班加点,2015年11月25日发现"住院了,急事电联"的消息。这次生病,责编在医院住了不短时间,《书香英伦》一书的部分后期工作,是委托另外一位编辑协助的。在责编住院期间,还曾多次与我电话或短信沟通书稿方面的问题。2016年8月17日,她告诉我:"最近累了,休了一个八年都没休过的探亲假。"我说:"适度休整是必要的。"

《书香英伦》一书一路走来,看到其成长,长势喜人,由衷地为作者、为责任编辑感到高兴!刘欣这本书所产生的社会影响,在当下算是非常好的,难能可贵,我高度赞同作者的哥哥山东省医学科学院刘岩教授所做的评价——连连惊喜源于认真执着的事业心。出版界图书馆界全民阅读年会(2016)将于9月7日至10日在宁夏举办。届时,"出版界图书馆界全民阅读好书榜(50种)"将面向全国各图书馆、出版社、书店发布。期待更多人关注《书香英伦》,阅读《书香英伦》,爱上《书香英伦》!

(2016-8-20)

我的科研情结

　　这些年有好些人找我寻求帮助。对于符合学术规范的，我乐意提供力所能及的帮助；对于超过这个范畴的，我不大可能去做，因为于己不利，于人亦不见得有益。有些人对我的行为不理解。某日我随手翻翻《中国人文社会科学学术影响力报告（2000—2004）》，似乎找到了一种可能的合理化解释，那就是我有"科研情结"。

　　该书第 20 章图书馆、情报与文献学"作者学术影响分析"中列举了2000—2004 年图书情报档学发文最多的 50 位学者（王启云，排序为 20），"我们对表中的 50 位学者进行了查询和统计，大部分人在各自的研究领域中享有盛名，有 90% 以上为教授和研究员，其余人员也基本是博士或优秀的青年学者。列入表 20-11 的学者当中，绝大多数来自于全国各高校，他们分别从事着教学、科研或图书馆研究与服务工作，中科院文献情报中心也有数人进入，上海图书馆也有学者列入其中。"[16]

　　我最早是在《图书馆、情报与文献学学术影响力研究报告（2000—2004）——基于 CSSCI 的分析》（情报学报，2006 年第 2 期）中读到的。苏新宁教授的"作者学术影响分析"对我的影响是比较深的。能"上榜"，对我来讲原本是非常偶然，也非常意外的，同时，也是非常在意的。我的内心深处，将其视为一种荣誉，对我既是鼓舞，也是鞭策。如果要对号入座的话，其时的我只能算是从事图书馆研究与服务工作，其他教授、研究员、博士等与我无关,"优秀的青年学者"这顶帽子也不敢往自己头上戴。更具体地说,那时的我只是一名本科毕业后参加工作不久的省属地方本科院校图书馆馆员,"助理馆员"职称。10年来,形状如同那一步一步向上爬的蜗牛,虽然无甚明显的长进,但自以为尚行走在科研这条道上。

有位不相识的同行做一个问卷调查,说是需要我的指导与支持,还说我知道你很忙,给你添麻烦了……其实,用不着过于客气,我会条件反射般地予以支持,并且坦诚相告,指导谈不上,乐意交流与分享。

也许我向苍天再借五百年,就算老天答应了,对我来讲并不见得在科研这条道上会有多少长进,因为还是点有自知之明——一介凡夫,身无长物。即便如此,我的科研情结,或许将相伴余生。

(2016-9-29)

关于高校图书馆人力资源现状的思考

教育部 2016 年 1 月 4 日印发《普通高等学校图书馆规程》（教高〔2015〕14 号）："第二条 高等学校图书馆是学校的文献信息资源中心，是为人才培养和科学研究服务的学术性机构，是学校信息化建设的重要组成部分，是大学文化建设的重要基地。高等学校图书馆的建设和发展应与学校的建设和发展相适应，其水平是学校总体水平的重要标志。""第十一条 高等学校应根据发展目标、师生规模和图书馆的工作任务，确定图书馆工作人员编制。图书馆馆员包括专业馆员和辅助馆员，专业馆员的数量应不低于馆员总数 50%。专业馆员一般应具有硕士研究生及以上层次学历或高级专业技术职务，并经过图书馆学专业教育或系统培训。辅助馆员一般应具有专科及以上层次学历，具体聘用条件根据工作岗位的要求和学校的人事管理制度确定。"

笔者获取了一组高校图书馆 2015 年事实数据（2016 年填报），共 10 家高校图书馆，涉及 6 所"985 高校"，2 所"211 高校"，2 所普通本科高校，这组数据相对来说会是比较准确的，数据如下：

①"985 高校"，在编职工数 157 人（29 岁及以下 16 人），40 岁以上占 66.9%，高级职称（其中正高 15 人）占 42.7%，硕士以上学位（其中博士 14 人）占 55.4%；

②"985 高校"，在编职工数 124 人（29 岁及以下 0 人），40 岁以上占

80.6%，高级职称（其中正高 4 人）占 42%，硕士以上学位（其中博士 13 人）占 54.8%；

③ "985 高校"，在编职工数 212 人（29 岁及以下 39 人），40 岁以上占 50%，高级职称（其中正高 4 人）占 18%，硕士以上学位（其中博士 8 人）占 42.5%；

④ "985 高校"，在编职工数 267 人（29 岁及以下 38 人），40 岁以上占 48.3%，高级职称（其中正高 3 人）占 9%，硕士以上学位（其中博士 13 人）占 37.5%；

⑤ "985 高校"，在编职工数 133 人（29 岁及以下 15 人），40 岁以上占 54.1%，高级职称（其中正高 4 人）占 16.5%，硕士以上学位（其中博士 9 人）占 43.6%；

⑥ "985 高校"，在编职工数 126 人（29 岁及以下 15 人），40 岁以上占 66.7%，高级职称（其中正高 4 人）占 14.3%，硕士以上学位（其中博士 6 人）占 47.6%；

⑦ "211 高校"，在编职工数 113 人（29 岁及以下 1 人），40 岁以上占 76.1%，高级职称（其中正高 7 人）占 18.6%，硕士以上学位（其中博士 7 人）占 34.5%；

⑧ "211 高校"，在编职工数 119 人（29 岁及以下 5 人），40 岁以上占 69.7%，高级职称（其中正高 4 人）占 23.5%，硕士以上学位（其中博士 8 人）占 37%；

⑨ 普通本科高校，在编职工数 67 人（29 岁及以下 3 人），40 岁以上占 74.6%，高级职称（其中正高 1 人）占 23.9%，硕士以上学位（其中博士 2 人）占 34.3%；

⑩ 普通本科高校，在编职工数 65 人（29 岁及以下 0 人），40 岁以上占 87.7%，高级职称（其中正高 1 人）占 29.2%，硕士以上学位（其中博士 1

人）占 18.5%。

关于在编职工数，图书馆工作人员编制随着高校人事制度改革，近年在持续"减员增效"。近年，高校图书馆馆舍情况有较大改善，许多高校图书馆新建，或进行了改建、扩建，建筑面积为数万平方米甚至超过 10 万平方米，纸质馆藏持续增长，且增幅较大，办学层次本科以上的高校通常数以百万册计，甚至更多，但在编职工数大多在减少（不少为逐年递减）。10 所高校中，两所高校 29 岁以下为 0 人，40 岁以上超过 60% 的有 7 所，甚至高达 87.7%。在编职工队伍"大龄化"，青年职工很少，甚至有的馆可以说没有，这种状况，于高校图书馆事业发展是不利的。有些高校通过服务外包、设置勤工助学岗位等疏解人力资源压力，短期内是一个办法，系权宜之计。

关于高级职称，与图书馆工作人员职业生涯发展密切相关，当前的职称评聘等人事权各行其是。关于硕士以上学位，10 所高校中有 9 所所占比例超过三分之一。参照《普通高等学校图书馆规程》对专业馆员的定义，"专业馆员的数量应不低于馆员总数 50%"这一宏观指导，10 所高校中显然能达标的有①和②两家，④和⑩两家是无法达标的，其他六家只是有达标可能。

国内对于图书馆员职业能力、高校图书馆的价值、专业馆员等，尚未有明确性的指标或共识，需要结合图书馆和图书馆学发展史、图书馆社会职能和社会责任、图书馆学科体系和工作内容、图书馆工作者特质和素养等多角度考察高校图书馆专业馆员职业能力。我国高校办学方式多样，目前处于又一次改革大潮，国家相关政策在调整之中。高校图书馆发展不平衡，在新业态环境下，高校图书馆职能的扩展要反映当前形势的发展，高校图书馆人力资源状况需与之相适应。

（2016-10-10）

提升高校图书馆员职业能力，路在何方？

近期了解到广州某高校图书馆 2017 年招聘事业编制 6 人，非事业编制 10 人。我了解了一下，该馆 2016 年提交的 2015 年度事实数据，在编职工 86 人，合同制职工 53 人。2017 年新进人员力度之大，是要做大事的节奏。随后进行了进一步的了解，该馆 2016 年取得累累硕果，被学校评为先进单位，还据说是近 20 年来首次，图书馆党政一把手在学校中层干部考评中均获优秀，学校层面要求机关部处向图书馆学习，"做出了事情才好争取各种资源"。随着"新力量"的融入，该馆赢得了良好的发展机遇。

近年有些高校图书馆蓬勃发展，馆舍焕然一新，人员减员增效（专业馆员愈来愈专业，辅助馆员愈来愈精干，二者相辅相成）。与此同时，或许是大多数，面临种种困境。比如有的馆馆舍陈旧，人员老化，有的馆平均年龄 46 岁，十多年未进新人，且近期没有进新人的意思（原有人员陆续退休减员，安置人员或转岗人员补给微调）。同样叫"高校图书馆"，馆与馆之间的差距是很大的。教育部高校图书馆事实数据库，填报的比率，填报的合格率，个人认为是不尽人意的，原因可能也是多方面的。有些统计项目缺乏统计标准；若干统计项目，有的馆是"真没有"。

当前，图书馆正经受种种冲击，面临"转型与超越"问题。图书馆员该干啥？能干啥？如何干？馆领导困惑，馆员迷惑，利益相关者"不明觉厉"。图书馆员对于图书馆业务培训，似乎并不熟悉。有的图书馆，多年没有业务学习。但同时也有部分图书馆，在"如饥似渴"地探寻业务培训信息，想方设法借助业务培训，迅速提升馆员业务能力。与此同时，与图书馆业务密切相关的数字资源商、图书馆配商、软硬件供应商等迅速崛起。若干图书馆业务，不同程度外包了；图书馆买进的资源、软硬件设施，有一定比例实际没能或没能较好地发挥作用，因为缺乏相适应的人力资源……

制度保障方面，是脆弱的。图书馆员个体的发展方面，主要有两条路：专业技术职称晋升与职务晋升，目前这两条路对于大多数图书馆员基本上行不通。图书馆员提升职业能力的主动性受到直接影响。"能者"多劳，"不能者"少劳甚至可以不劳，这种情形下，通常的或正常的选择是遵循"最省力法则"。

职业能力的养成，需要建立在职业价值、职业规范、职业道德的认同与尊重的基础之上，融入与投入，远非一朝一夕之功。提升高校图书馆员职业能力，路在何方？2004年教育部印发《普通高等学校基本办学条件指标（试行）》，随后教育部高校图工委、各省图工委组织开展过高校图书馆评估，之后基本沉寂了。当前"基本办学条件指标"正在修订之中，修订完成之后，或许新一轮大范围高校图书馆评估将"应运而生"，或许以评促建，以评促改，重在建设，尚值得期待。

（2017-5-3）

图书馆工作中的版权之惑

文献保存与提供是图书馆的两大功能。以往，学界与业界关于"图书馆豁免权"有较多关注。随着信息技术的进步、法治意识的增强等诸多因素，图书馆工作中的版权之惑，日益加剧。

高校图书馆图书类文献，当前有一种较为可取的服务模式。当年新书数字化，在校园网范围内提供数字化图书服务。其他图书通过购买商业化服务，借助集成的数字化图书数据库，或通过"文献传递"方式满足用户需求。近来，用户反馈有关服务今不如昔。经与相关公司营销人员沟通了解到，当前利益相关者（包括出版社、作者等）版权意识增强，服务提供方需要慎之又慎，尽可能避免潜在风险，因此存在较大比例内容暂不提供服务。其实当年新书数字化，理想模式亦不是家家户户去做数字化工作，"共建共知共享"就好，但实践中存在若干问题，选择了亦步亦趋，"摸着石头过河"。

高校图书馆期刊类文献，纸本文献（尤其是学术类）需求日益萎缩，管理与服务模式发生了变化，更加侧重数字文献的投入与服务。外文期刊类文献，拥有量与办学层次、办学规模等密切相关。其采购方式有特殊性，版权方面的困惑不少。中文期刊类文献，各家服务商，不同程度存在版权问题。不少资源是你有我有全都有，但呈现方式有所不同。服务商的独家策略、服务商与版权所有人服务协议变更等原因，导致部分资源获取难度增大。

学位论文类文献，中文学位论文算"灰色文献"，这一块的版权困惑由来已久。一篇学位论文，作者、导师、学位授予单位、学位论文收藏单位等利益相关者"一头雾水"。虽然有关服务未中断，但始终是受影响的。比如文献获取的难度增大。

会议文献、标准文献、专利文献等特种文献。其版权问题有其特殊性。该如何服务？服务到什么程度？哪些可以公开且免费获取？哪些可以免费获取？……用户困惑，服务提供方亦困惑。

在利用方面，"合理、合法使用数据库"是难题。数据库商一般授权原则："授权用户：本校真实的师生员工、访问学者、留学生可通过本校控制的 IP 使用数据库。本校允许进入的公众随机用户可通过本校控制的 IP 地址从指定阅览室或终端进入数据库。授权用户可允许访问全文期刊库、可检索、浏览、查看目录、文摘、全文和其他参考内容，可下载或打印单篇文章、章节或条目，仅供授权用户个人使用。"实践中，还存在诸多不一般的情形。比如有的资源服务商提供远程访问（有的可能提供附带条件），有的允许提供 VPN 方式访问，有的还有个性化的种种限制访问……此外，关于校园网服务，不同学校的服务能力可能存在很大差距。

中国图书馆学会第六届四次理事会于 2002 年 11 月 15 日通过《中国图书馆员职业道德准则（试行）》有"尊重知识产权，促进信息传播""爱护文献资源，规范职业行为"等规定。实践中，好些时候束手无策。比如，SCI-Hub 地球人都在用，图书馆员选择不用或抵制，可能吗？可取吗？

图书馆工作中版权之惑，远远不止述及部分。如何恰如其分地"尊重知识产权"、行之有效地"规范职业行为"？

(2017-6-1)

说说我的博文书

　　2016 年 10 月 12 日我给科学网编辑部写了一封信，信的内容为："从博客中了解到科学网即将推出网络专题《科学网博主博文集图书精选》。特此提供本人已出版的两本拙作信息：①王启云著. 图书馆学笔记——科学网图谋博客精粹. 知识产权出版社，2013.8；②王启云著. 图书馆学散论——科学网图谋博客精粹. 知识产权出版社，2015.12。顺颂工作顺利，诸事如意！"

　　2016 年 10 月 21 日，我看到科学网博主博文图书精选（http://news.sciencenet.cn/news/sub26.aspx？id=2736）正式推出，我留言："本人 2016 年 10 月 12 日响应，按要求提交了相关信息。不知道是否是因为未达到'精选'标准，未见纳入。"随后进一步提供了相关信息。也许编辑部没有收到我的邮件，也许因太忙而疏忽了……10 月 23 日上午，我看到了短消息提醒："已经加入，谢谢推荐。"

　　我为什么这么"执着"？一方面，是心怀感恩之心；另一方面，也是一个图书营销的机遇。我的两本博文书书名副标题中含"科学网"，包含致谢"科学网"的心意。自 2009 年 2 月落户科学网，在科学网博主中，虽然我很边缘，但算比较勤劳的一位。当前"博客总排行"中，位列 84 位，访问量为 286.3 万。有少部分博文曾被精选过，甚至有的曾被头条置顶。由于使用故障，曾给科学网编辑部邮箱发过几次邮件，均及时得到满意解答。2013年博文《我为什么出了第二本博客书》还曾获得科学网"科研梦，从这里起步"博客征文大赛青椒生活类优秀奖。我曾写过获奖感言："这个奖是我2013年收获的唯一一个奖。奖品算是年近不惑之我所取得的最为贵重的，而且确确实实是我喜爱的。由衷感谢科学网！感谢 CN 域名杯博客征文大赛组委会！感谢推荐专家！感谢所有关心与关注我的人！我会继续'爱上科学网'，并争取让'科研梦'因这里更精彩。"

博文书，我出了 3 本，第一本是《图书馆学随笔——图谋博客精粹》（国家图书馆出版社，2011.12），吴建中先生题写书名，王波先生撰写了长篇序文《一个图书馆员的思想画卷》，袁江先生撰写序文《让学术小花开遍图林的每个角落》。那本书的收录范围是 2005 年 1 月至 2011 年 8 月，是博客网平台上的博文。2011 年之后，我的博客主阵地为科学网，且以两年出一本的频率，出版了两本博文书。

为什么如此热衷出版博文书？为我带来了多少名和利？我热衷出版博文书的原因，简答为：图谋。如果理解为"图名谋利"，可能没人信。所在机构对专著出版有资助和奖励政策。我的博文，有一部分会进一步整理，供《图书馆报》选用，有稿酬。我将个人科研奖励、稿酬等用于解决图书出版费用，通常为"预支"（提前消费），如果有盈余，我会尽可能多赠出一些图书。每一本书，经我手赠出的均超过 100 册，单单是通信地址的收集与书写，那是相当费时费力的。我的博文书，得到了一定关注与认可，且能收获学习与成长的机遇，这或许是我热衷出版博文书的主要原因。3 本书均获江苏省图书馆学情报学学术成果奖著作类三等奖；3 本书均被一定比例大型公共图书馆及知名高校图书馆有收藏；3 本书出版后均有热心读者为我纠错，一位图书馆同行给我发来《图书馆学散论——科学网图谋博客精粹》

一书的阅读笔记，长达1.5万余字的笔记，给了我一种"震撼"，我见过认真的，但从未见过这么认真的。

我的博文书，是我博客十年的缩影，也是我博客十年的纸本记忆。我的学识与文笔均平淡无奇，情深景真一行者，饮水思源结善缘。

（2016-10-23）

图谋的 2016 年

图谋的 2016 年，一如既往地忙碌，甚至有可能较以往年份更为忙碌。

所在机构年度总结部分内容大致如下。

（1）作为参考咨询部负责人，主持完成所在部门承担的数字资源及期刊采访、学科服务、数字资源用户培训、数据库运行使用和更新升级、研究生阅览室管理、部门岗位聘任、部门总结材料撰写等各项工作。作为图书馆十三五规划编制组成员之一，承担撰稿任务并认真完成。

（2）负责完成中外文数据库及期刊采购工作、数字资源经费预算、数据库运行使用和更新升级相关工作。

（3）在调研学科前沿的重点需求和面广量大的普遍需要的基础上，配合分管馆领导制定馆藏电子资源的年度采购计划与经费预算，根据图书馆采购经费以及各种介质资源的经费分配比例提出合理的电子资源建设规划。

（4）负责数据库采购合同、数据库付款协议、发票等资料的整理、登记、分类和归档工作。

（5）负责数据库试用、测试、网络信息发布及相关宣传，跟踪用户使用情况，撰写年度图书馆数字资源采购及其利用概况，参加数据库采购相关会议。

（6）主编《淮工学科服务速递》13 期，通过办公网邮箱、淮工学科服务 QQ 群向全体教职工推送，此外，通过图书馆网站向全校学生提供下载。

（7）负责第三届读书节数字资源利用系列讲座（共 12 场）的组织、策划、协调。

（8）完成科技查新报告 5 件。

（9）发表论文 2 篇。国内外图书馆职业能力研究进展与启示（大学图书馆学报，2016 年第 3 期）；高校图书馆专业馆员职业能力认识与需求调查研究（图书与情报，2016 年第 5 期）。获得江苏省第五届图书馆学情报学学术成果评奖（著作类）三等奖（江苏省文化厅，2016.11）。

（10）2016 年 7 月参加第 6 届图书馆学实证研究博士生学术会议，2016 年 10 月参加江苏高校图工委情报咨询专委会 2016 年学术年会暨情报咨询业务培训会，2016 年 11 月参加"互联网+"时代的文献资源建设工作研讨会，2016 年 12 月参加第十三届数字图书馆前沿问题高级研讨班（ADLS2016）、江苏高校图工委现代技术专委会 2016 年年会。

（11）2016 年 11 月 23 日，通过江苏省文化厅职称改革办公室副研究馆员专业技术资格评审。

（12）先后获得市图书馆学会 2012—2015 年度"优秀会员"；江苏省高等学校图书馆工作委员会情报咨询服务工作"先进个人"荣誉。

除上述内容之外：

（1）作为圕人堂 QQ 群"群主"、《圕人堂周讯》主编，主要做了两件事：科学网圕人堂专题发布博文 115 篇；发布《圕人堂周讯》52 期。

（2）作为学术期刊外审专家，审稿 5 篇次。

（3）作为《图书馆报》专栏作者，发表随笔 10 余篇。

展望 2017 年，忙碌也许是难免的，只是希望能够"悠着点"，与此同时，"成就感"与"获得感"能够稍微多那么一点点。

（2016-12-24）

2016 年学术活动回顾

2016 年是我个人学术生涯中，非常重要的年份，特此简略回顾。

学术研究。2016 年我发表的论文只有一篇半。一篇是个人独立完成的，另半篇是与课题组成员密切合作完成的。年初，连续 11 天，完成一篇稿子的撰写与投稿，这 11 天真是日夜兼程，已经很多年没有这样"卖命"了。这篇论文名为《国内外图书馆职业能力研究进展与启示》（大学图书馆学报，2016 年第 3 期），全文大约 1.6 万字，被作为封面文章（封面上有题录信息）。"半篇"是课题组成员驱动的，是一次非常愉快的科研合作经历。4 月份面向高校图书馆馆员开展高校图书馆专业馆员职业能力认识与需求调查，7 月份投稿，经历数次修改之后被录用并于 9 月份发表。这篇论文为《高校图书馆专业馆员职业能力认识与需求调查研究》（图书与情报，2016 年第 5 期）。

职称评审。2016 年 11 月 23 日通过江苏省文化厅职称改革办公室副研究馆员专业技术资格评审。2016 年围绕职称，从年头到年尾可使用"提心吊胆""忐忑不安"等词汇，步步"精心"，步步惊心，其中滋味，难以一一描述。我曾天真地以为职称晋升是水到渠成之事。2013 年开始参与高级职称评审，进入了校评审环节，据说校评审环节差两票未能通过。此后数年，连年遭遇种种状况，无缘出校门。公布结果之时，好些师友向我表示祝贺，当时的我已有几分"麻木"了，礼节性地表示感谢，我不太愿意多提此事。

学术成果评奖。2016 年先后参与了 4 次学术成果评奖。依次为江苏省教育厅哲学社会科学成果奖，江苏省哲学社会科学成果奖，江苏省文化厅图书馆学情报学学术成果评奖，连云港市哲学社会科学成果奖。我用《江苏省公共图书馆营销管理调查与分析》（图书情报知识，2014 年第 4 期）参与前二者，用《图书馆学散论——科学网图谋博客精粹》（知识产权出版社，2015.12）参与后二者。江苏省教育厅的成果奖为限项申报，所在学校限 10 项，我有幸出了校门。获得了江苏省第五届图书馆学情报学学术成果评奖（著作类）三等奖（江苏省文化厅，2016.11），同时也无缘连云港市哲学社会科学成果奖，因为是在省文化厅成果奖公示之后开评。

学术会议。2016 年是我参加学术会议较多的一年，部分原因是我承担有科研任务。7 月参加第 6 届图书馆学实证研究博士生学术会议，10 月参加江苏高校图工委情报咨询专委会 2016 年学术年会暨情报咨询业务培训会，11 月参加"互联网+"时代的文献资源建设工作研讨会，12 月参加第十三届数字图书馆前沿问题高级研讨班（ADLS2016）、江苏高校图工委现代技术专委会 2016 年年会。徐建华教授组织的"第 6 届图书馆学实证研究"博士生学术会议于 2016 年 7 月 21~25 日在南开大学商学院召开。开幕式上被安排就座主席台，作为图书馆馆员代表发言，我的发言题目是：如何促进图书馆学实证研究成果的推广与普及？7 月 23 日下午的 3 场主题报告由我主持。对于个人学术生涯是两件大事，前所未有。由衷感谢徐教授的关爱与提携！

审稿人角色。我正式的审稿人角色是先从学术图书做起，再做学术期刊的审稿人。2015 年开始做某"国家级出版社"审稿人，2016 年开始做某 CSSCI 源刊外审专家。我对待审稿人这个角色，我认为既属于"学术责任"范畴，又属于"学术荣誉"范畴，饮水思源，薪火相承。主观上，我会努力尽心尽责，争取做到"又好又快"。审稿人角色于我真是"任重道远"，尚需边学边做，切记"且行且珍惜"。

学术图书采购及"他山之石"。2016年淘了不少书，与所承担的科研任务密切相关，其中高校图书馆馆史类书有近20种。2016年12月6日至2016年12月21日，我经历了一件大事，在上海工作的侄子病故，年仅21岁。半个月中，只有12月12～15日没在上海，从送医院抢救、治疗到送骨灰返乡，许多事情是由我作为家属主理。最先是赶到一家二甲医院的抢救室，其后转院到一家三甲医院抢救了17小时，再转该院住院治疗，12月15日23：00左右医治无效辞世，12月17～20日亲属14人先后到上海善后，12月21日火化并送骨灰返乡。侄子为独生子女，5岁时，其父罹患中风（二等肢体残疾，偏瘫），其母离异，由爷爷奶奶抚养成人。我父母和我那残疾的二哥是12月16日早上8点左右才知道消息的，由我大哥从县城回老家当面告知噩耗。那半个月，先后与医院、侄子工作单位、社保中心、派出所、信访办、劳动仲裁、殡仪馆等许多部门形形色色的人打交道。上述经历，对我进一步开展专业馆员职业能力研究会有一定参考借鉴作用。

回顾过去，是为了更好地面对未来。一路走来，由衷感谢所有给予我鼓励与帮助的人！期待2017年自身、家人及朋友均平安、健康、快乐，我的学术生活更精彩。

（2017-1-2）

图谋博客十二周年

2017 年 1 月 28 日为图谋博客十二周年，巧合的是，那一天为春节。大约从两周年开始，每逢周年写几行字"纪念"一下。其实我自身亦未曾料想，可以这样年复一年的纪念下去，且行且珍惜。

图谋博客大致分为三阶段：2005.1.28—2009.2.9，主要是在博客网写博客；2009.2.9—2013.1.30，同时在博客网、科学网写博客（各有侧重，内容不尽相同）；2013.1.30—现在，主要是在科学网写博客。

"图谋，为图书馆学情报学谋，为图书情报事业谋。"我自个调侃"图谋"为我的"法号"。我为图谋造了一个单词"libseeker"，这个单词也用了 12 周年，我是"a libseeker"。如果说 2005 年为图谋元年，2017 年则为图谋十三年。

整整 12 年，中国传统的一个生肖轮回。2017 年 1 月 16 日科学网博客总排行第 80 名（访问量：3050194）。路漫漫其修远兮，吾将不懈求索。感谢所有帮助过我，给予我支持的人！

延伸阅读：

1. 博文约礼，欲罢不能——写在图谋博客 11 周年之际．http：//blog.sciencenet.cn/blog-213646-952685.html

2. 致"图谋"的青春——纪念图谋博客十周年．http：//blog.sciencenet.cn/blog-

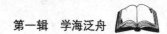

213646-862862. html

3. 博客九周年印记 . http：//blog. sciencenet. cn/blog-213646-763491. html

4. 博客网图谋博客 8 周年 . http：//blog. sciencenet. cn/blog-213646-657028. html

5. 非典型专业博客七周年纪念 . http：//blog. sciencenet. cn/blog-213646-532153. html

6. 图谋与图林漫步 . http：//blog. sciencenet. cn/blog-213646-404295. html

   该文写于 2011-1-14，算是六周年纪念文字。

7. 图谋博客五周年献礼 . http：//blog. sciencenet. cn/blog-213646-289517. html

8. 纪念图谋博客 4 周年（之一）

   http：//libseeker. bokee. com/41235823. html

9. 纪念图谋博客 4 周年（之二）——CNKI 中的图谋博客

   http：//libseeker. bokee. com/41244154. html

10. 图谋博客：三年之痒

   http：//libseeker. bokee. com/23458347. html

11. 图谋博客两周年纪念

   http：//libseeker. bokee. com/14865308. html

（2017-1-16）

科学网十年，俺相随八载

　　我是 2009 年 2 月 9 日，"移情别恋"，恋上了科学网。入驻该网站第一天曾写了篇博文《科学网，轻轻地我来了》，开头一句为"选择实名制的科学网博客，需要很大的勇气，似乎还需要几分运气"，结尾有"鄙人对科学网是十二分敬畏的。科学网高人云集，俺一正宗草根，是否不利和谐？科学网侧重自然科学，俺偏好人文社会科学，是否有点不协调？科学网实名制，俺习惯了披个马甲壮壮胆，是否自找苦吃？有道是海纳百川，有容乃大。我算不上'学者'，充其量一'学习者'。轻轻地我来了，我不是来打酱油的，我是来学习的"。

　　2017 年 1 月 28 日为图谋博客十二周年。图谋博客大致分为三阶段：2005. 1. 28—2009. 2. 9，主要是在博客网写博客；2009. 2. 9—2013. 1. 30，同时在博客网、科学网写博客（各有侧重，内容有所不同）；2013. 1. 30—现在，主要是在科学网写博客。

　　2011 年 7 月 23 日写了一篇《科学网博客印象》，第一点印象是："科学网博客是较为优秀的博客服务平台。其特点是实名制、博客用户多少与'科学'沾边、无鱼龙混杂的植入式商业广告、博客管理员兢兢业业（坚持更新'博客头条'、'精选博文'，策划专题等）、博客服务平台比较稳定"。

　　2012 年 3 月 24 日写了《感谢科学网》，文中提及："自从在科学网开博，'喜新不厌旧'。种种原因，喜欢科学网更多一些，因为科学网自由开

52

放（好些博客服务平台有种种约束，比如限字数、机械的敏感词过滤等），没有乱七八糟的广告，界面更为友好（清新、稳定、评论功能正常），科学网是实名制且其用户文化层次较高"。

博客网图谋博客8周年之际，整理了一个总目录之后，基本告别了博客网，专情于科学网。

2014年5月10日起，创建圕人堂QQ群，该群为图书馆及图书馆学相关人员交流群，现有成员1895名。每周五发布《圕人堂周讯》，现已发布140期。科学网圕人堂专题共发布博文458篇（含140期《圕人堂周讯》）。

2017年1月16日科学网博客总排行第80名（访问量：3050194次）。我在科学网8年，总共发布博文1310篇，有85篇博文被精选，其中《JCR期刊分区及其检索方法》阅读量逾10万次。

我在科学网的8年，先后在知识产权出版社出版了两本博客书，且这两本书均曾获市厅级学术成果奖，市场反响在当前的环境下，个人认为还算过得去的。2017年1月16日读秀平台显示收藏馆分别为156（2013年8月出版）、26家（2015年12月出版，估计有不少馆尚未提交馆藏数据）。此外，2013年参加了CN域名杯"科研梦，从这里起步"博客征文大赛，获得青椒生活类优秀奖。奖品算是年近不惑之我所取得的最为贵重的，而且确确实实是我喜爱的——500G容量的移动硬盘。

科学网十年，俺相随八载。未来，我会继续"爱上科学网"，并争取让科研与生活因科学网更精彩！

（2017-1-20）

一级学科点图书资料情况填报有感

硕士点申报，申报书中有一页内容"VII-2 本一级学科点图书资料情况"，包括：馆藏总量（万册）、中文藏书量（万册）、外文藏书量（万册）、中文期刊（种）、外文期刊（种）、数据库（种）、中文电子图书（万册）、外文电子图书（万册）、中文电子期刊（种）、外文电子期刊（种）。需要进一步列清单的有：订购主要专业期刊、重要图书的名称、册数、时间；订购主要数字资源的时间和名称（含电子图书、期刊、全文数据库、文摘索引数据库等）。

这页内容，通常是转给图书馆"帮忙填写"，给的时间还很短，一两天内要求"务必"提交。这页内容的理想填写方式是学科馆员与相关专业人员密切配合。实践中，多由教务秘书或科研秘书、图书馆办公室人员为骨干，勉为其难。如果认真起来，这页内容的填写是不容易的，费时费力的。

这页内容涉及许多知识。纸本图书这块：首先是"硕士专业目录"及"学科、专业目录"关于"一级学科点"的含义要弄清，它与"学科分类"有联系也有区别。其次是，与中国图书馆分类法关联起来。再次是得有图书馆业务集成管理系统的权限（仅熟悉书目查询系统效果不好）。纸本期刊的情况还有种种特殊性（图书馆业务集成管理系统中，期刊管理通常不甚理想），选择"本一级学科"内容有一定困难。数字资源这块更为复杂：电子图书统"本一级学科点"情况不易，因为其分类自有一套体系，且统计功能或结果呈现不一定理想；电子期刊依托的平台多种多样，分类标准各行其是，界定是否属于"本一级学科点"不易，密切相关的可能不多，但相关的可能很多，比如综合性学报。填写清单时，何为"主要专业期刊""重要图书"需要专业人员去把握。图书馆的学科馆员，不大可能样样精通。硕士专业目录中工学门类就有 42 个学科，其中"科学技术史"这个学科，不仅工学有，理学、农学、医学均有。就算是专业人员，对"本一级学科"的把握并不见得全面。我自身算图书馆学专业人员，但我对其所属的一级学科"图书馆、情报与档案管理"了解很有限。

这页内容的填写，对于资源越是丰富的馆，填写的难度越大，需要填写的内容越多。如果再考虑查重问题，工作量就更大了。中文期刊资源，数家平台，有一部分是你有我有全都有的。对于外文资源，基本上以英文为主，实际上还有更多语种的资源。

延伸阅读：

1. 硕士专业目录查询 . http：//yz. chsi. com. cn/zsml/zyfx_ search. jsp

2. 学科、专业目录 . http：//www. cdgdc. edu. cn/xwyyjsjyxx/sy/glmd/264462. shtml

3. 《中国图书馆分类法简表》. http：//lib. cqmu. edu. cn/fenlei. htm

4. 中华人民共和国学科分类与代码简表（国家标准 GBT 13745–2009）. http：// dean. pku. edu. cn/urtpku/yjxk. html

（2017–2–23）

关于论文查重（学术不端检测）服务

（特别提示：本文只是从图书馆工作者角度提供的"参考"信息。）

关于论文查重（学术不端检测）服务，近年关注度比较高，尤其是在高校。本文结合自身图书馆工作实践与圕人堂QQ群中讨论，特此梳理一下相关信息，供参考。

常见问题：请"给我一个较为全面和权威的说法好不好，头痛中……"其实根本不存在全面、权威，因为是因需而变的。各种查重服务，各有所长。国内影响力较大的依次为：知网、维普、万方、大雅相似度分析……知网收录的期刊，知网对期刊有约束，不少期刊在投稿/审稿过程中会进行1次或多次查重。高校学位论文检测，上级相关部门抽查是参考知网检索结果。

有人认为："自己写的，都不用担心""自己写的应该没问题"……实际不然，主要有3点：①学术规范并没有普适标准；②"阈值"是"第三方"定的；③其他因素，所采用的数据源、比对技术等均是影响因素。以比对技术为例，过去主要是形式上的比较，当前部分产品已在内容上的比较（基于语义）方面有所[17]进步。检测内容，以往更多的是针对文字的检测，针对学术文献中的图像检测，当前大有进步，目前业界最前沿的应该是iLPixel。

关于学术规范，可参考《学术期刊论文不端行为界定标准（公开征求意见稿）》，该文发布的时间为2012年12月28日，该标准虽未正式成为法或标准（国家、部委或行业），但有较高的参考价值。

很多高校购买了论文查重（学术不端检测）服务，提供服务的具体方式，各校各有各的做法。通常是所在机构提供免费查重机会，但不是说可以随时随地随意查。有一种较为常见的模式是，教务处或学位办采购查重系统，权限分配到教学秘书或科研秘书，由他们负责此项工作（以批量查重为主）。图书馆承担此项工作的也有，但以负责账号管理居多。此项工作在毕业季，时间紧，任务重。学生及其指导教师，从自身实际出发，会预先采取行动，减少麻烦。

如果是投递到国外期刊，英文的论文的话，推荐 Turnitin/iThenticate 论文检测。Turnitin/iThenticate 采用目前最先进的云数据处理系统，为全球120多个国家，超过15000所学术科研机构、大学、出版社（Elsevier，IEEE，nature，Springer，WILEY）提供卓越的论文对比服务。iThenticate 拥有超过500亿的对比资源，其数量超越了世界上任何一个国家图书馆的馆藏量。全球80%的高影响因子期刊（*High Impact Journal*）都与 iThenticate 签订了服务协议，保证了 iThenticate 高效，权威的对比报告结果。在国外，学校和学生会在初中、高中到大学、博士阶段，都是用这个系统，用于自己的作业、阶段考试和论文发表。吉林大学图书馆提供了一个参考途径：http：∥lib. jlu. edu. cn/portal/news/999. aspx 。

关于学术不端检测服务，"免费的，好用的"确实存在较大的安全隐患，"X宝"上的也确实存在风险。网络上铺天盖地的"代写代发"服务，真真假假，"原材料"或许有一定比例来自非常手段截获的。因此对于一些较为重要的成果，尽可能找可靠渠道。

（2017-3-21）

关于学术图书出版价值的思考

自 2009 年以来，本人以作者身份对学术图书出版有所探索，有所实践，有所思考。

关于学术图书概念。"学术图书是指内容涉及某学科或某专业领域，具有一定创新性，对专业学习、研究具有价值的图书，通常在书中有文献注释或参考文献，书后有索引。""学术著作是指以问题或专题为中心，具有创新性和逻辑性，能自圆其说的学术图书。""学术专著是对某一学科或领域或某一专题进行较为集中、系统、全面、深入论述的著作。"[18]学术图书包含学术著作，学术著作包含学术专著。

关于学术图书出版价值，主要包括学术价值、社会价值，经济价值。学术价值是指科研成果的权极作用，其最基本的要求和特点是创新，提出了新问题，开拓了新的领域，或提出了新观点，构建了新理论，或发掘了新材料，做出了新论证。社会价值是指人通过自身和自我实践活动满足社会或他人物质的、精神的需要所做出的贡献和承担的责任。经济价值是对于人和社会在经济上的意义，是经济行为体从产品和服务中获得利益的衡量。

这些年，我自己出版了几本书，参与了学术成果评奖。更多的是通过参与，促进学习。学术价值，自身会有个初步的判断；社会价值，可以通过有关数字资源平台（中国知网、读秀学术搜索、图书馆书目公共查询系

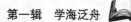

统、CSSCI 检索平台等）做一些了解；经济价值，总体上来说心中有数。自我评价是：学术价值多少还是有一点点；社会价值也还算过得去；经济价值，基本处于"免学费"阶段，谈不上盈利。

回首自身走过的路，可以说是一步一个脚印走来，平淡无奇。于自身来说，是攀登的旅程，是挑战的旅程，是挥洒激情与梦想的旅程。自身的角色是在变化的，发展的。学术图书这块，经历了著书、编书、策划书等阶段。社会兼职角色有学术图书外审审稿人，学术期刊外审审稿人。有些"结果"原本是未曾预料的，待到实际发生时，似乎又是自然而然的。

（2017-4-19）

浅淡社交网络激励措施 ——关于科学网博客之问答

2017 年 6 月 1 日，圕人堂网络社群有名网友与我就社交网络激励措施进行了交流，内容大致如下：

网友：您经常在科学网上发布博客，我想请教，科学网有没有什么针对这种活跃型用户奖励的措施？如何激励专家学者更积极地贡献自己的学术观点或其他？

图谋：其实"无"就是"有"。图谋从 2005 年写博客至今，无论在哪个平台均算是比较活跃的用户之一，哪家平台都没有给过什么奖励，但给过比奖励更实在的收获。比如：因为参与获得了更多的学习机遇；因为"活跃"促进了学习与思考，得到了锻炼……凡事有得有失。

网友：这个学习机遇是什么意思？是所在单位给予的，还是自己认为得到了更多的学习机遇呢？

图谋：向他人学习。科学网上其他博主，比如武夷山博主，可以学习人家的为人处世……或多或少，是会有所收获的。

图谋：关于激励措施，圕人堂作为一个网络社群，一直也有所关注，有所思考。需求是多元的，"激励"也是多样化的。作为草根社群，物质激励、精神激励，可为空间很小，但也确实是有需求的；与此同时，超物质激励、超精神激励，或许也是客观存在的。青年程焕文（时年 27 岁）的一篇图书馆学史经典文献《论图书馆人才的特征——关于"图书馆四代人"的探讨》[19]。简略综述一下图书馆人才及其特征。图书馆人才是指在图书馆活动中，具有一定的专业知识，较高的图书馆工作技能和能力，能够以自己的创造性劳动，对图书馆学术的发展或图书馆事业的推进做出较大贡献的人。图书馆人才的本质属性是有创造性、进步性、社会性、时代性。图书馆人才除了具备上述本质特性以外，还须具备德、识、才、学、体、胆等六要素。通过上述表述，或许可以体会除了物质与精神，还可以有更多。

上述交流属于随想随答，我不知道网友是否满意？我自身倒是有些意犹未尽，毕竟言不尽意，而且或许还存在答非所问的嫌疑，因而想做点"补救"。

关于"激励专家学者更积极地贡献自己的学术观点"，当前确实是都得留一手，因为社交网络中学术观点的知识产权得不到有效保护。近些年，单单是学术不端检测，许多人就尝到了滋味。比如科学网是查重信息源之一，你自己的观点，很可能你自己没法用，因为会计算在复制比中。还有其他种种情形，比如人家抢先发表，比如遇到别人转载了……你要证明是你自己的观点难于上青天。

貌似简单的问题，其实还是相当复杂的，可谓感慨万千，滋味杂陈。相关的既有研究不少，但另一方面，是在不断变化的，世易时移，变量繁多。"大环境"发生了很大的变化。比如社交网络，"主流形式"是在不断变化，BBS、网络论坛、博客、微博、微信……还有更多相对小众的"非主流形式"；网络环境，有段时间显得格外自由，驰骋中外，随心所欲；版权意识，似乎是增强了，但实际是稀里糊涂；舆论监管，神一般的存在，睁开眼吧，小心看吧，慎之又慎吧……

（2017-6-3）

2017 年国家社科基金立项结果杂感

圕人堂群有成员第一时间分享了《关于 2017 年国家社科基金年度项目和青年项目立项名单的公示》[20]。图谋简单统计了一下，2017 年国家社科基金项目，图书馆学、情报与文献学总立项 150 项，其中：重点 12 项，一般 88 项，青年 50 项。

很可能是因为浏览了结果之后，圕人堂群有青年馆员告知我有困惑，向我"请教"道："如果以做学术为目标，图书情报领域大部分的研究都是意义不大的，难以应用到实践；如果以做好实践为目标，又受到政府投入、体制的限制，个人的努力微乎其微；如果目标只是评职称、有职务，那这样的人生是多么没有意义呀。您是怎么看待这辈子的职业生涯的呢?"

我随即简单回复了，大致内容是："我觉得首先需要干一行爱一行。其次是立足现实，高于现实。你们馆的平台还是挺好的，身边就有榜样。再次，确实是需要有业余爱好，毕竟工作只是部分内容。而且工作更多的是为稻粱谋。至于做科研，如果爱好，其实也是可以有路径的，不一定非得赶着别人的鼓点走。有心栽花花不发，无心插柳柳成荫。现实生活中存在上述状况。意义是需要探寻的。现实需求与超现实需求相结合，找到适合自己的方式。科研方面下些功夫，对工作会有促进的。平凡的世界，平凡的生活，有所为，有所乐，做好平凡的自己，这就挺好的，不必过于忧虑。有机会，多与同行交流交流，能够发现，可以有许多快乐的理由。"我不知道向我求助的同行对这样的回复是否满意，但这确实是融入了我的真情实感。

同行的问题，貌似宏大，但确实非常具有现实意义。当前的图书馆及图书馆学，貌似空前发展、空前繁荣，实际上"内虚""内急"问题严重。

高校图书馆是方面军之一。时下的高校图书馆是啥样子？恐怕无法准确描述。高校图书馆的职能，各高校有所不同。图书馆不管叫不叫图书馆，实际不全是图书馆，比如有的同时是信息中心、档案馆、情报所、教材科……高校图书馆人力资源方面，忧患重重。有名同行告诉我，其所在学校对"所有教辅人员是否属于教师"存疑，认为"寒暑假是教师才享受的待遇"。其实很多年前，有校长就持该观点，意思是主张对高校图书馆员"另眼相看"。高校图书馆员的职业生涯规划，是很现实的问题。实践中，大多数人仍然基本上是依照专业技术职务取酬。当前，大环境是专业技术职务晋升通道愈来愈艰难。当前有些图书馆"出彩"，究其原因，其中有一条就是：有一定比例图书馆员特别能奉献（达到了"图书馆员也能做到科研教师那样多的付出"，甚至更多）。

浏览了2017年国家社科基金立项项目150项（侧重题名）信息，结合浏览了部分2017年高校图书馆发展论坛报告课件（http：//www. sal. edu. cn/2017/agenda. asp）。综合印象是：琳琅满目的"新概念"，概括为：守成（文献学）及迎新（迎接或迎合新技术、新潮流）。许多现实问题"无解"，退而求其次：要么坐而论道，要么脚踩西瓜皮滑到哪里是哪里……

（2017-6-17）

"非典型性"科研爱好者

近段时间，为着所承担科研项目的研究进展颇为着急上火，症状写在脸上，时不时起几个小脓包。我行事的原则是要么不做，要做就尽可能做好。我选择的课题是比较具有现实意义的，希望可以促成解决些现实问题的，存在"眼高手低，心有余而力不足"的感慨。要啃硬骨头，得具备硬实力与软实力，刚柔相济。硬实力，包括熟悉相关问题的历史或发展史，占有足够丰富的研究素材并掌握其精髓；软实力，包括新兴研究工具的学习与利用、扎实的社会调查研究知识与技能等。计划不如变化快。接连遭遇若干特殊状况，单单是亲人的健康出了大问题，就分散了大量精力，科研时间可谓"雪上加霜"。近两年，我买了数十本书（其中部分是淘来的），大多只能匆匆翻阅。跟踪前沿，阅读国内外文献，很少有时间。有针对性的较为深入的学术交流，无法企及。

作为一名高校图书馆馆员，充其量我只能算一个"非典型性"科研爱好者。我并没有硬性的科研任务，更多的似乎属于"没事找事"。李松妹认为："培养和提高学术研究能力，是图书馆专业人员提高管理水平和业务能力的重要途径。从实际出发，结合理论对业务进行研究，尤其是针对存在的现实问题进行研究，可以促进理论和实践相结合，有效指导业务工作，提高业务素质和业务能力。实际上，提倡开展本专业学术研究和学术论文的写作，既是深入学习理论的过程，也是对工作实践的概括、总结和升华的过程。"[21]个人非常赞同上述观点，实际上，近20年来，在努力身体力行。

我的"非典型性",与书、刊、报结缘,且惜缘。书指图书,刊指学术期刊,报指报纸。与图书结缘始于 2009 年,2009 年大胆地将硕士学位论文出版出来并赠出数百本,2012 年获再版,读秀平台上显示有 400 余家图书馆收藏。此外,近年出版了 3 本博客书,还作为副主编参编了一本书。与学术期刊结缘,始于 2000 年。基于 CSSCI 的分析,在"2000~2004 年图书情报档学发文量最多的前 50 位学者"表中,我名列 20,共 18.4 篇[22]。高校图书馆科研产出及科研能力分析,我是"多产作者",排名第 7 (15篇)[23]。《现代图书情报技术》核心著者之一,学术水平值排第 8 名 (发文量 8,被引量 35,学术水平值 16.1)[24]。关于数字图书馆的核心期刊论文计量分析研究,用第一作者发文数量、均一统计法和加权统计等三种方法确定核心作者,我均在前 10 名内,三种方法的论文数量和名次分别为 13 篇第 5 名、14篇第 8 名、13.33 篇第 4 名[25]。与报纸结缘,学生时代曾作过 3 年的高校校报学生记者、学生编辑,2006 年开始为《图书馆报》专栏作者并持续至今。

我的"非典型性",与网络社群、网络学术交流结缘。1999 年开始活跃于图书情报网络论坛,2005 年开始写"图谋博客"并坚持至今,2014 年创建圕人堂 QQ 群并主编《圕人堂周讯》,现有成员近 2000 名,已发布周讯 160 余期(每周五发布)。据读秀平台检索结果,《图书馆学随笔——图谋博客精粹》(国家图书馆出版社,2011) 214 家图书馆收藏,《图书馆学笔记——科学网图谋博客精粹》(知识产权出版社,2013) 172 家图书馆收藏,《图书馆学散论——科学网图谋博客精粹》(知识产权出版社,2015) 71 家图书馆收藏。上述图书均曾获过江苏省图书馆学情报学学术成果奖。这个系列的图书,读者比较认可,反响较好。读者评价为:(1) 具有 3 个特点:具有一定的思想性、与业界的发展密切关联、具有一定的史料价值。(2) 具备"三有":一有趣,许多有名无名人物的逸闻轶事;二有味儿,作者文笔儒雅幽默,褒贬有度,可慢慢品之;三有用,引征数据翔实,出处明晰,可置手边备查。(3) 被读者赞为:"可读性强""赞赏你的职业精神、专业素养及事业心"。

作为一名"非典型性"科研爱好者，天资平平，可能除了长相显得比较有学问之外，身无长物。圕人堂有成员告诉我："有见过你的朋友跟我讲，你给人的感觉就像是农民工。"我说："不胜荣幸。其实，我努力的方向就是做好农民工。也许，我算确确实实做过农民工的。我自己知道，其实我是不合格的。"1980年代，母亲经常去砖窑上打工（包括挑水、砍柴、烧火、搬砖等）。其时，除了砖窑、瓦窑，几乎没有其他的打工途径。砖窑有三处，位于所在生产队责任田比较集中的地方。因为父亲的工资远远不足维持一家6口人的生计，母亲常给人干活，通常是早出晚归，一天的工钱是3元钱（男劳力好像是4元钱）。像这样的打工机会，还是母亲争取来的，老板认为肯卖力气、吃得苦、划得来，才肯要。我上初中时候的暑假，也有帮干过活，多少有点算给"老员工"照顾的性质，我的工钱是1元一天，大人一次抱二三十块，我抱十块，此外是帮大人们做一些辅助工作。炎炎烈日，挥汗如雨，还经常尘土飞扬！晒脱皮，手磨破是常有的事。母亲个儿矮但有力气，砍柴卖给砖窑是计重的，去山上砍来，再挑来称重，100斤1元钱，母亲砍的柴通常是比较多的，在女劳力中是前几名，胜过不少男劳力。那会儿，我也就十来岁，比较瘦弱（记得我大学毕业时也才106斤），虽然力气小，但还是比较"懂事的"，母亲也心疼我，更多的时候只是做力所能及的事情而已。我见识过母亲及与母亲一样的农民工伙伴们的特别能吃苦，特别能耐劳，还特别善于"苦中作乐"。

　　我作为"非典型性科研爱好者"的力量源泉或许主要来自两个方面：其一，青少年时期的农民工经历给我带来的触动；其二，在学习与工作中，得遇"贵人"相携相助，我有幸结识的贵人有许多，在科研这条路上，张厚生先生对我的影响是深远的。

（2017-6-18）

科学网图谋博客访问量逾 200 万人次有感

9 月 1 日浏览了《科学网点击量 200 万留念》（http：//blog. sciencenet. cn/blog-107667-917598. html），我觉得我也有必要写几句感言。

我自 2005 年 1 月 28 日开始写博客（博客网图谋博客），2009 年 2 月 9 日入驻科学网，初期视作"分店"，后来越来越偏向科学网，至 2014 年 3 月之后主要打理的是科学网图谋博客。在"漫长"的写博客经历中，早些年对浏览量比较关注，近年已经不怎么关心了。《图书馆学笔记——科学网图谋博客精粹》（知识产权出版社，2013.8）前言中提及："至 2013 年 1 月，科学网图谋博客访问量逾 70 万人次（博客网图谋博客逾 320 万人次）。"2015 年 9 月 4 日科学网博客 TOP100 中第 100 名为 201.4 万次浏览量（求真 杨正瓴 2014144）。由一番"关注"滋生一番感慨。

图谋博客的主旨"图谋，为图书馆学情报学谋，为图书情报事业谋"，形散而神不散。当前科学网图谋博客已发布博文 1050 篇，其中有 70 余篇被科学网"精选"过。浏览量超过 1 万人次的有一点，估计有多半未超过 1 千人次。2013 年 12 月 17 日《JCR 期刊分区及其检索方法》（http：//blog. sciencenet. cn/blog-213646-750603. html）一文有 46860 次阅读，这篇被科学网"精选"过，是科学网图谋博客中关注量最大的博文。2013 年 12 月 11 日《关于<中文核心期刊要目总览 2014 版>的预测》（http：//blog. sciencenet. cn/blog-213646-749071. html）一文有 15176 次阅读，这篇没有被科学网"精选"过。两篇博文更多的属于"科普"性质，前前后后下的功夫不少，产生了一定的"社会价值"（科学网之外，还有若干网站转载）。

自2014年5月10日之后，开辟有"圕人堂"专题，该专题已发布了229篇博文，包括《圕人堂周讯》68期。圕人堂QQ群（群号：311173426）是图书馆及图书馆学相关人员的交流群，其愿景（VISION）是：圕结就是力量！其定位（MISSION）是：专业讨论、行业交流、信息共享、资源、人脉。圕人堂圕结一切可以圕聚的力量。圕人堂堂风：贴近现实，关照现实，联系理论，旨在实践。《圕人堂周讯》综述"圕人堂"QQ群一周交流信息，对"圕人堂"全体成员公开（通过QQ群邮件推送），同时亦对社会公开（当前主要通过科学网图谋博客"圕人堂"专题公开）。圕人堂QQ群目前有成员1200余人，已初步产生一些社会影响，科学网图谋博客圕人堂专题功不可没。

不知不觉中，我在科学网博客写博客已有6年半时间。我自认为是收获的，快乐的。浏览科学网博文已成为生活中的一部分，许多博主的为人为学为文等诸多方面，对自己有种种启发，受益匪浅。科学网博客平台没有乱七八糟的广告，并在不断进步中（比如近期推出的博文标题检索功能，我很喜欢）。我同科学网博客管理人员有过几次邮件接触，他们及时为我解决实际问题，我很满意。另，《图书馆学散论——科学网图谋博客精粹》（2013.8—2015.8期间博文结集）书稿已完成复审，将于年内出版。

我只是一名"草根"，学历、职称、职务、工作单位等均非常"普通"。科学网博客平台让我有了"200万"，是经历，也是财富。感谢所有给予我关心与支持的人！

（2015-9-4）

理想中的高校图书馆

理想中的高校图书馆应该是什么模样？我想试着回答这一问题。

现实中，高校图书馆的情形相当复杂。学校的办学层次、学校所处地理位置、学校所处的发展阶段等存在差异，图书馆的模样千姿百态。高校图书馆存在一些"明星图书馆"，图书馆的馆舍风貌、资源与服务等均很出彩，但更多的还是默默无闻的图书馆。有人说图书馆是高校的心脏；也有人说图书馆是高校的阑尾。心脏也好，阑尾也罢，爱恨交织。

在数字化网络化多元化的环境下，高校图书馆已然发生了诸多变化。我理想中的高校图书馆大致是以下模样：

资源丰富。资源包括文献信息资源、空间资源（阅览座位）等。可以是实体的，也可以是虚拟的；可以是本馆的，也可以是馆际共享的；可以是自建的，也可以是购买的……教学与科研所需之资源，尽可能地丰富，多多益善。

服务周到。用心服务，精致服务，读者至上，服务至上。专业馆员与辅助馆员，各得其所，各用其长，相辅相成。

激扬智慧。让馆员、用户及其他利益相关者的聪明才智得以发挥，生机勃勃，与时俱进。

资源是基础，服务是天职，智慧是保障。三者的和谐指数，与理想指数呈正比。

期待收获更多更理想的答案。

（2015-9-24）

硕士论文奇遇记

2016 年 10 月 10 日发现中国书籍出版社 2015 年 9 月第 2 次印刷（精装）《高校数字图书馆建设评估研究》一书，那本书是以我的硕士论文（2008 年 6 月）为原型的。令我惊诧不已！一是因为出版社重印时并没有通知我，二是因为我没想到会第 2 次印刷，三是因为还是精装。多家网上书店已在销售（包括当当网、亚马逊等），我当即买了一本（46.9 元，另加 5 元快递费），两天后收到书。新起的丛书名"图书馆工作新视野书系"令我汗颜，定价 68 元，对书的质量很满意。

早在 2008 年我曾问过自己："学位论文仅仅是印刷十本，取得学位就完事了吗？我留意过一些学位论文，在中国知网的学位论文数据库中发表多年，引用次数为零，我这篇也一样吗？我曾参与一些课题的申报、研究目的和意义，研究成果的预计去向及使用范围都是非常重视的，我的研究结束，能起点实际作用吗？诸如此类的问题一个接一个。"之后，我做了一系列的努力。

《高校数字图书馆建设评估指标体系研究》是我的硕士论文核心内容之一，2008 年 4 月投稿给《大学图书馆学报》，5 月被录用，9 月出版。之后又有一批硕士论文研究成果陆续发表。2009 年 9 月居然"斗胆"自费出版出来了，那时硕士学位论文出书真不多见，我只读过福建省图书馆方允璋老师的《图书馆与非物质文化遗产》（北京图书馆出版社，2006.10）。我的书只印了 1000 册，出版社给了我 500 册。当年赠出了 400 多册，大部分是我一本一本通过邮局寄赠给师友。当年，学校领导告诉我可以申请学术著作出版基金，顺利获得资助，次年获得了科研奖励，得到了意想不到的补偿。2011 年该书先后获所在市第十次哲学社会科学优秀成果奖二等奖、江苏省第三届图书馆学情报学学术成果评奖（著作类）三等奖。为了让书更好地发挥价值，在 2011 年我将该书授权给超星公司便于大家阅读与利用。

2012 年获得了修订再版机会，图书在版编目数据出版日期为 2012 年 9 月，实际为 2013 年 1 月第 1 版第 1 次印刷。我很珍惜这次机会，2009 年的赠书，收获了不少师友的意见和建议，指出了好些问题，我正好借此机会弥补。此次印了 3000 册，我得了 20 册样书。图书营销很成功，目前为止读秀中显示有 250 余家图书馆收藏（这个数据不全，但有一定参考价值），对于我这样的草根作者的学术性图书有这样的成绩，也是出乎我意料的。

2009 年 9 月第一次出版那本读秀中显示"收藏馆：15；总被引：9；被图书引：3"。中国知网中的学位论文显示有 3 次被引，4 篇属于学位论文成果的期刊论文累计有 47 次被引（最高为 29 次，其余为 6 次），其中 10 次为 CSSCI 源刊被引。

当时的自我评价是研究是稚嫩的，研究态度是严肃的、认真的，今天回头看依然如此。硕士论文研究过程中曾得到许多老师无私的帮助，之后发生的系列"奇遇"同样是因为得到了许多师友的帮助，让先天有种种不足的我有机会"循序渐进"，点点滴滴，铭记于心，由衷感谢！

（2015-10-14）

闲话我国图书馆职业化进程

2017年6月24日晚，CCTV-3星光大道，有名选手叫毛毛，电视屏幕上介绍为"北京　图书管理员"。吸引我眼球的，除了其独特的唱腔，与众不同的外形，更多的是其"图书管理员"身份。通过网络"索隐"，知道毛毛是一名退役的运动员，退役之后做了一名图书管理员。我更想了解的是其与图书馆相关的信息，较为遗憾，未能获得。

我自然而然地联想起2009年4月CCTV-3播放了《挑战主持人：图书管理员》。该行业版由国家图书馆四位"图书管理员"——荣杰、霍瑞娟、葛艳聪、孙俊组成的职业队与阿丘、黑妹组成的嘉宾主持人队在舞台互换角色激烈对抗，"图书管理员"学识渊博，甲骨文、少数民族语言，说得头头是道。当时的观感是：为什么叫"图书管理员"不叫"图书馆员"？也许是因为图书馆管理员是我们图书馆员的曾用名，值得肯定的是，这是一种很好的宣传图书馆及图书馆员的方式，为阳光馆员骄傲！

以央视为代表的传媒，"图书管理员"是作为一个职业或行业而存在。2012年，莫言因获得诺贝尔文学奖，索隐出"原解放军保定某部图书管理员（时名管谟业）"，焦灵花获得第三届世界麻将锦标赛冠军，索隐出"重庆黔江57岁的图书管理员"，网络上流布甚广"神一般的职业：图书管理员"。

百度百科有"图书管理员（职业）"词条，该词条中的"释义"为

"人们常说广读诗书才能知天下，古人也常教导我们读书要破万卷，在图书馆中书籍又何止万卷。图书管理员的工作正是需要把万卷的诗书整理、编码、上架，以方便读者取阅，工作虽然琐碎，但是不要因为自己是小小的管理员而感到灰心丧气，你可以近水楼台多读书！"此外介绍了薪资行情"一般而言，普通的图书管理员月薪为1000~1500元，助理馆员或是初级馆员的月薪为2000元左右，馆员的月薪为2500元左右，正、副研究馆员的月薪为3000元左右。"[26]笔者作为图书馆员读了，感觉该词条或许一定程度上反映了现实，代表了社会公众对图书馆职业的认知，可以说是"刻板印象"。"薪资行情"，我无法清楚源自何处，我作为一名普通的高校图书馆员，1999年刚入职时（助理馆员，初级职称）月薪是750元，年底提至980元的；目前作为副研究馆员月薪，应该是数个3000元。另，据悉所在地作为江苏省二类地区月最低工资标准是1600元。

再来看看《中国大百科全书》关于"图书馆员（librarian）"的词条释义。"图书馆业务人员的通称。在一些国家还指图书馆管理专家，或修毕图书馆学专业课程而被授予馆员资格的人，或管理任何一批文献的人。图书馆员的职业是管理图书馆及其目录，对文献资料进行搜集、整理、组织和保管，并提供借阅、参考咨询和情报服务以满足读者的需求。图书馆员应对图书馆的资源、文献资料的组织方法及读者有基本的知识。""在古代，图书馆员的主要工作是保管、看守图书，因此往往被称为图书保管员。""美国图书馆协会规定图书馆业务工作人员分为职员（即辅助人员）和专业人员。职员分为3级：管理员（职业学校毕业者）、技术助理员（大学专科毕业者）和助理馆员（获学士学位者）；专业人员又分2级：馆员和高级馆员或专家和高级专家（获得硕士学位以上者）。""中国图书馆业务工作人员的专业职务分为管理员、助理馆员、馆员、副研究馆员和研究馆员5级，馆员以下为初级业务人员，馆员为中级业务人员，副研究馆员和研究馆员为高级业务人员（相当于高等学校的副教授、教授），主要承担较深的文献研究任务，指导、主持业务工作和科研工作，解决重大业务问题。"[27]这个词条是孟广均先生编写的，1993 年被批准为图书馆学博士生导师。词条估计超过 3000 字，还配了幅"图书馆员从书架上取书"插图。2006 年，《新编图书馆学情报学辞典》中关于图书馆员有较为简短的释义："负责管理图书馆及其藏书与服务的受过专业培训教育的人（如编目馆员、采访馆员、指导馆员和参考馆员等）。许多国家要求图书馆员必须拥有图书馆学情报学硕士学位。"[28]

《新编图书馆学情报学辞典》中关于"图书馆工作人员，图书馆职员（Library Staff）"的释义："负责图书馆或图书馆系统的运行和管理的全体受雇人员，包括馆长、馆员、辅助专职人员、技术助理人员、事务员、见习或学生助理。在图书馆员享受教职员资格的大学图书馆中，教职员和非教职员成员之间一般是有区别的。在其他类型的图书馆中，经过专业训练（具有专业背景）的图书馆员和一般工作人员之间也是有区别的。志愿者因没有工资而不被视为图书馆工作人员的组成部分。"[29]

中国图书馆学会六届四次理事会 2002 年 11 月 15 日通过的《中国图书馆员职业道德准则（试行）》，该准则中图书馆指各种类型的图书馆和信息服务机构，图书馆员指所有从事图书馆和信息服务工作的人员[30]。

图书管理员，图书馆管理员，图书馆员，图书资料馆员，图书馆工作者，图书馆业务人员，图书馆工作人员……这些名词令许多人困惑，根源在于我国的图书馆职业化进程尚未"成型"。

图书馆工作能否算是一门专门职业？长期以来，争论不休。国外图书馆职业建设已经取得较大成就，以美国、英国、日本等国为代表。我国图书馆职业化，中国图书馆学会自 2001 年起就组织业内专家开展了图书馆员职业资格认证的研究工作，搜集了英、美、日、澳等国外同行的大量资料，从学术层面和实施层面进行了研究论证[31]。中国图书馆学会积极协助国家劳动和社会保障部和文化部完成了《文化行业国家职业标准·图书资料馆员（试行）》，依据《中华人民共和国劳动法》的有关规定，为进一步完善国家职业标准体系，为文化艺术类职业教育和职业培训提供科学、规范的依据[32]。由于该标准是推荐性标准而非强制性标准，未能得到落实。

"图书馆职业是图书馆工作人员运用图书馆学与相关学科知识及技术设备，对人类社会实践活动产生的信息与知识进行收集、处理、组织、开发、保存、传播与利用的一种职业。""只有在专业知识、专业人员、专业文献、职业组织、专业教育、职业教育、职业伦理7个核心领域从无到有、从个体到系统化、从非专业到专业化、从临时性到规范化或法制化，一个行业才能真正实现职业化。"[33]我国图书馆职业化发展与制度建设，经历了"启蒙阶段"，当前处于"形成阶段"，尚有很长的路要走。

（2017-6-25）

关于科研成绩的思考

　　也许是一种机缘巧合，我与科研有缘。如果从 1999 年开始算，一晃 18 年了，对于自身的"科研成绩"持续关注，且有一些零碎的思考。

　　1999 年我本科毕业，我的学位论文是《高校校报管理信息系统设计与实现》。我读的是管理信息系统专业，有 3 年高校校报学生编辑、记者经历。我的学位论文在我毕业前夕开始投稿，投的是母校学报（当时投的是纸质手写稿），未被录用。1999 年 8 月参加工作后，继续投稿（打印稿），投的是所在高校学报，交了审稿费，打听过审稿意见，仍未被录用。值得一提的是，我开发的那套小软件，无偿提供给母校及所在高校学报编辑部使用，均实际使用了较长一段时间。2000 年开始正式发表论文，第一篇是发表在《江苏省高等学校图书馆学报》（江苏省高等学校图书情报工作委员会主办的期刊，后来停刊了）上。2001—2004 年发表 CSSCI 来源刊独著论文 16 篇（其中《图书情报工作》4 篇、《现代图书情报技术》9 篇），其时我只是本科学历、初级职称，那段经历或许堪称"奇遇"对我是一种激励与鞭策。2005 年至 2016 年，先是"老老实实"上了三年的脱产研究生，之后陆续出版了 5 本书，发表论文较少。

　　我对自己科研产出算是比较满意的，算是始终保持着"摸爬滚打，继续前进"的姿态。我的科研产出基本均是围绕图书馆业务产生的。2000 年至 11 月至 2005 年 8 月，我作为技术部负责人角色，期间经历了新馆建设，所有与电相关的事情均归口技术部，包括强电和弱电。其中单单是电子阅览室建设就操了不少心，电子阅览室于 2000 年 9 月 4 日建成，30 台，直至 2001 年 11 月；2001 年 11 月至 2002 年 4 月 29 日，扩为 60 台；2002 年 4 月 30 日扩为 110 台，并启用金盘电子阅览室管理系统（豪华版），分为宽带网、教育网两个机房；2003 年 6 月 1 日至 2004 年 10 月为 159 台，分为三个机房。2003 年 1 月 1 日至 2003 年 12 月 31 日：上机人次为 190344；上机时数为 301111.8；上机收费为 300303.08 元；日均 1092.01 元（除寒暑假 90 天外）。期间，从设备计划申购、技术支持到管理与服务，好些事情需要"亲力亲为"的，尤其是在初期，还得参与值班（还多是中午班、周末班）。

我对自己的科研成绩不甚满意。种种原因，在科研这条路上，并未能取得理想成绩。好些时候，我会感觉愧对诸多师友对自己的期望。我一直认为自己是幸运的，虽然有诸多似乎天然劣势，但是亦拥有若干非纯天然的但是属于"绿色健康"的现实优势。我的优势主要在于两方面：拥有资源优势，文献资源是科学研究的基础，我的高校图书馆员身份让我"坐拥书城"；拥有人和优势，我的父母、岳父母、妻子和孩子，均特别支持我，想方设法为我提供种种便利，赐予我时间与空间。此外，人脉资源方面也有一定积累，近 20 年的职业生涯，结识了许多师友，不少是学习与成长过程中的贵人。未来，我需要进一步统筹安排好时间，并尽可能地有所为有所不为，争取有所进步，珍惜拥有，开创未来。

（2017-6-30）

闲话情报学

《国家情报法》颁布之后，情报学界有热烈反响。一是《情报杂志》就情报学升级为一级学科做专题讨论，包昌火、黄长著、袁勤俭等诸位先生参加；二是召开了七届（2017年）"情报学新方法 新能力 新范式"全国情报学博士生论坛，北京大学信息管理系教授赖茂生作"新时代新环境下情报学的发展前景与策略"演讲报告，重点探讨了《国家情报法》颁布的意义，认为"使情报工作有法可依，为情报活动设置了一个'铁笼子'，也为科技情报工作提供了参考。"笔者以"图谋"为"法号"，内涵是"为图书馆学情报学谋，为图书情报事业谋"，对此等大事有所感想。

先来点题外话，前些日子，江苏省高校图工委情报咨询专业委员会组织情报咨询学术研究成果奖申报，所在馆领导让我所在的参考咨询部积极申报，我认真看了通知后，也让所在部门同事挨个传阅了。我认为所在馆这些年基本没有严格意义上的"情报咨询学术研究成果"，不仅如此，也未能开展严格意义上的"情报咨询服务"，虽然科技查新服务工作下了功夫，但囿于诸多因素显得力不从心。我认为报奖通知中的若干内容，倒确确实实是努力的方向。"诸多因素"的其中一个因素是"人力资源"问题，某211高校馆2016年工作人员91人，50岁及以上28人占31%，40~49岁35人占38%，30~39岁26人占29%，20~29岁2人占2%。上述人员职称结构为：正高1人，副高19人，中级40人，初级4人，无职称23人。这种情形，不仅仅是"个案"，好些高校存在类似的状况：人员老龄化，职称结构存在"问题"。在多数高校图书馆，影响待遇的主要是职称或职务，对图书馆员职业生涯规划影响较大。

关于"一级学科"设置问题，我不知道此番是否能心想事成。因为历史上的讨论、争论亦很激烈，最终不了了之。2017 年《中国图书馆学报》第 3 期有肖希明《中国百年图书馆学教育与社会的互动发展》、于良芝，梁司晨《iSchool 的迷思：对 iSchool 运动有关 LIS、iField 及其关系的认知的反思》，两篇文献均试图"正本清源"，让图书馆学良性发展。肖希明先生认为："在图书馆学教育中要做到技术教育与人文教育并重，理论基础教育与应用知识教育并重，培养的人才既要熟练掌握图书馆现代技术与方法，更要深刻理解图书馆的核心价值。这种全面发展的人才，才能适应社会长远发展的需要"，于良芝，梁司晨认为："一旦我们把人类的信息查询与获取问题（既不是图书馆机构，也不是笼统的信息）放到 LIS 学科和教育的核心位置，我们就会发现，LIS 确实是以此为使命的融贯而独特的学科。信息作为查询和获取的对象无疑受到这个学科的特别关注；图书馆作为保障信息查询和获取的专门平台也同样受到特别关注。显然，只有同时关注图书馆（L）和信息（I）的 LIS 才构成真正融合的 LIS，而只有真正融合的健康LIS，才能有效守望人类永恒的、无所不在的信息查询与获取需要。"2016年 8 月于良芝《图书馆情报学概论》（国家图书馆出版社，2016.8）将给图书馆情报学下了个定义为"图书馆情报学就是研究信息的组织整理，以及通过图书馆等平台实现信息传递与传播，从而保障信息有效查询与获取的学问。"

图书馆学、情报学、档案学有着"不解之缘"。情报学成为"一级学科"，对图书馆学、档案学意味着什么？情报学是比较特殊的，情报学对应的英文如何表述，至今尚未能形成共识。情报学与计算机科学与技术

"亲",但关系似乎并不"铁"。情报学还有一个特点就是"神秘","刻板印象"是一提情报便与"间谍"相联系起来,并非全无道理。这个特点可能是优点,也同时是缺点。

情报学成为"一级学科",笔者以为多少有几分"去图书馆学化"的意味。不知图书馆学是否愿意说一声"苟富贵,勿相忘!"?

(2017-7-25)

令人苦不堪言的"文字复制比"

曾收到一篇稿子的退稿通知，"经我刊专家审核认为不能达到本刊的发表要求"，附了"学术不端检测结果"，但没有任何进一步的审稿意见，我认为很可能是因为"文字复制比"问题被"秒杀"了。

我对"文字复制比"很无奈。一方面，由于从事图书馆工作，我对多种查重系统有进一步的了解，曾以管理员身份使用过多种查重系统提供的服务，进行过一些测试。另一方面，我与学术期刊有一定的缘分，自己是作者之一，也是审稿人之一，与多位学术期刊编辑是亦师亦友的关系。

此次投稿之前，我自身其实先行查了一回，也努力改了。我这篇投稿，复制比比较高的原因是涉及图书馆史方面，引述的文字较多。而其中引述较多的两篇文献，我引用的是源头文献，而复制比检测中"文献复制比"最严重的未引用文献分别为一篇新浪网博文（全文转载了源头文献）和一篇学位论文（属于同引用源头文献）。还有就是引用了《普通高等学校图书馆规程》中的一个定义（48 字），我标注了最权威的红头文件（教育部网站上的网页链接），然而无济于事，检测报告中里边一大串文献也属于引用文献，告知未标注引用。

如果参照检测结果，只是图过关也许并不难，但我认为这样做，一是涉嫌学术不端（比如避用一手文献，只因它未在比对库中），二是并无必要（因为"数据源"本身不全，且是在不断变化的）。

俞立平教授科学网博文《糟糕的文字复制比》第一句话为"前段时间投稿一篇论文,收到编辑邮件,要求将复制比控制在5%,否则不予外审"。我在博文后的评论为"哪家要求这么苛刻?当前最可恶的是这个阈值没有标准,是个性化的。各家所采信的检测系统有所不同,各检测系统的检索结果亦不同(有时是大不同)。对于期刊方,最好在投稿系统中,明确告知所采信的检测系统及其阈值,这样或许于期刊社及作者均有利。"科学研究工作,本来就是在前人或他人基础上做的,明晰哪些是他人做的哪些是自己做的,就是符合学术规范的。过犹不及,过低的"文字复制比",反而很可能涉嫌学术不端,尤其是在人文社会科学领域。

有人说"文字复制比"与我无涉,实际不然。时下,"文字复制比"的应用愈来愈广泛,除了学术论文(投稿/审稿环节),还有学位论文、职称评审、科研项目结题/验收、学术专著等。采用的检测系统、划的警戒线、检测的时间、检测的实施方等均是"变量"。检测系统的检测范围、检测技术等也在不断发展变化。如果学术不端检测"滥用"或"被滥用",可能会令人令己苦不堪言。关于谁来规范学术?相关方面,也许是时候该有所作为了。

（2017-7-29）

关于高校图书馆专业馆员职业能力的思考

近年，笔者在关注高校图书馆专业馆员职业能力，积极做了一些工作。一方面，我自身是一名高校图书馆专业馆员，自身在边干边学；另一方面，尽可能地开阔视野，放眼全国乃至全世界，通过实地考察、阅读文献、网络社群等方式。传承与开新是两大主题。

笔者读到十所日本高校图书馆数据（数据来源截至 2016 年 6 月），在"世界大学学术排名 2015"500 强之中。十所高校有 7 所馆员人数不到 50 人，人数最多的是北海道大学 90 人，最少的是千叶大学 23 人，平均为 45.3 人。京都大学馆员人数 32 人，学生人数 22785，藏书量 685 万册。读到这组数字，我非常惊讶！笔者知道某省属本科院校学生人数与京都大学差不多，馆员人数是京都大学两倍，藏书量是京都大学的四分之一。依据《高校图书馆发展蓝皮书 2015》（高等教育出版社，2016），2014 年"985 工程""211 工程"高校平均每馆 110 人，普通本科院校平每馆 45 人，高职高专平均每馆 15 人，平均每馆 40 人（649 所高校提交了有效馆员总量数据）。尚不清楚日本高校图书馆的管理与服务模式，也不清楚日本高专图书馆专业馆员职业能力具体情况，但加剧了笔者对我国高校图书馆人力资源状况的担忧，我国好些高校图书馆存在人员老龄化，馆员人数逐年减少这一状况。

新业态环境下，图书馆转型、图书馆员新型能力等成了"热词""高频词"。文献资源载体在变化,信息技术在进步,社会在进步,专业馆员职业能力亦需要与时俱进。当前文献处理范式时期的专业馆员职业能力已日渐式微,比如文献分类、文献组织、文献检索、文献分析等能力逐渐退化。当前存在一些高校图书馆有一些"亮点",但较大程度上是凭借借力——借数字资源商之力、软硬件供应商之力等。前沿热点眼花缭乱,现实应用蜻蜓点水,若干业务难以可持续发展,一定程度上因为基础不牢,一步三摇。

1957年刘国钧先生《什么是图书馆学》一文中提出了图书馆事业有五项组成要素这一图书馆学原理,以图书、馆员、读者、建筑与设备、工作方法为"五要素"共同作用,实现图书馆服务宗旨。当今国内外不同机构、不同类型的新兴服务并没有脱离"五要素"的框架,只是基本概念与内涵更加丰富。图书馆各种新兴服务,以"五要素"为根本,强调图书馆必须是社会组织实体,必须具有图书馆特色的运行环境、设备和场所,必须具备多形态知识载体和用户、馆员三者之间的交融互动3个基本条件,从而形成属于图书馆的多元化个性化服务体系。

关于图书馆职业能力研究这块,当前有好些可资参考借鉴的成果,可以进一步开展实证研究。我期望能做出一套指导性较强的专业馆员职业能力体系索引。而且,最好能有图书馆用户能力体系索引与之呼应。更为完整的研究应包括这两方面。因为专业馆员的职业能力需要与用户需求相适应,且良性互动发展。目前,我也不确定能走到哪一步,需要看机缘。

图书馆专业馆员职业能力的提升须面向实际,同现代科学技术的发展紧紧相扣,积极拓宽研究领域,使其研究根植于图书馆事业发展、图书馆工作、图书馆实践之中。

（2017-8-4）

关于学术著作的思考

参加了江苏省图书馆学术年会之后，有两件事引发了笔者对学术著作的思考。

其一，吴建中先生的主旨报告，开场带来美国图书馆界的一个爆炸性新闻——美国 D-Lib Magazine（数字图书馆论坛）停刊。因为缺乏优质稿源，且"数字图书馆"已经成为昨日黄花，2017 年 7 月发布 7、8 期合刊之后停刊。停刊后，保留刊号、维持过刊可获取。美国 D-Lib Magazine（数字图书馆论坛），生于 1995 年 7 月，卒于 2017 年 7 月，凡 22 年，象征一个时代的结束（The End of an Era）。吴先生接着提了几个问题："数字图书馆是否出现实体化和孤岛化现象？数字图书馆如何走出领域本位的发展状态，与社会、经济与文化发展紧密结合，在数字时代扮演更为积极的角色？"

其二，在会议间隙，郑建明教授见到我第一句话是勉励我朝学术著作努力。郑教授了解我近年在学术图书方面比较努力，但提醒我"跑偏了"。

何谓学术专著？叶继元教授对学术著作做了一个较为清晰地界定。学术专著是对某一学科或领域或某一专题进行较为集中、系统、全面、深入论述的著作，一般是对特定问题有独到见解，且大多"自成体系"的单著或二三人合著的学术著作。与学术论文相比，学术专著的篇幅较大，内容所涉及的问题一般也较专深，更具专业性、系统性、全面性、深入性。其论述或论证具有广度和深度。学术专著的创新层次较高，一般具有原创性。

这些年，我收藏了一些学术图书，比照叶教授作的界定，称得上学术专著的很少，但确实有，比如：梁启超《中国近三百年学术史》、张秀民《中国印刷史》、钱存训《书于竹帛——中国古代的文字记录》、于良芝《图书馆情报学概论》等。我自身稍微有点"学步"意识的学术专著只有一本，且似乎已被"爆炸性新闻"炸得粉身碎骨。

2009年我出版了第一本书《高校数字图书馆建设评估研究》，那是在我的硕士学位论文基础上出版的。2011年开始出版博客书，目前已出版3本，2017年将出版第4本。2013年以副主编身份出版《书海一生击楫忙——图书馆学家张厚生纪念文集》。此外，还曾"策划"一本图书。我的几点感悟：出版是需要机缘的，适时出版；做不了大事，就做点小事；无错不成书，努力做到"知错能改"；对学术心存敬畏，但不畏惧，循序渐进。

也许我无缘学术专著，但若有缘留下脚印一串串，亦属三生有幸。我的内心深处，对学术著作始终心存向往的。

（2017-8-5）

关于图书馆员科研价值观的思考

价值观是人认定事物、辩定是非的一种思维或取向。本文所谓图书馆员科研价值观是指针对图书馆员从事科研活动的价值或作用而做出的认知、理解判断或抉择。

也许是基于现实功利需求综合作用，当前的大环境是追求纵向科研项目的档次，比如国家级、省部级、厅级……追求学术论文的高水平，相关的观测点可能是期刊的影响因子、分区，或者期刊的出版单位、被各种检索工具收录情况、被转载情况等。有些需求是纯粹个人追求，但更多的或许是所在机构的需求或导向。图书馆员，尤其是高校图书馆员直接受到影响。其中一个重要原因是专业技术职称评聘时，会有明确要求需要具备何种条件，同时也会有种种基于"价值观"带来的认定。

关于图书馆员科研价值观，粗略的可以从 3 方面看，包括非图书馆员角度、图书馆员群体角度、图书馆员个体角度。不同的角度，会有不同的认知。

非图书馆员角度，这个范围是非常宽泛的。在我国，自然科学领域科研人员与人文社会科学领域，或许因为思维方法、评价标准等的不同，很多场合无法形成共识。自然科学领域科研人员对图书馆员科研的评价或许可以用"呵呵"两字概述。人文社会科学领域对图书馆员科研的评价或许可以用有点"羡慕嫉妒恨"的意味。图书馆学情报学核心期刊相对较多，国家社科基金项目等纵向项目立项的整体表现也不错，图书馆员科研似乎有一席之地。

图书馆员群体角度，对于图书馆员科研的认知，大体可能会赞同是"有益的"，但并非"必要的"。当前，图书馆员真正对科研感兴趣的很少，有一定比例是为了专业技术职称被动地努力，总体来说不甚愉悦。图书馆从业人员的构成比较复杂，真正意义上的"专业馆员"比例较少，接受过系统地科学研究方法训练的比例较低。高校图书馆被定位为"学术性机构"，其专业馆员采用"一般应具有硕士研究生及以上层次学历或高级专业技术职务，并经过图书馆学专业教育或系统培训"定义，专业馆员的数量超过馆员总数50%的非常少，只有少数"985工程"高校图书馆达到这个比例。图书馆学情报学期刊每年发表的成果不少，且作者为图书馆员的也不少，但受图书馆员群体关注和喜爱的似乎太少。

图书馆员个体角度，对于图书馆员科研的认知是因人而异的，总体上可能是"不明觉厉"的。笔者自身作为一名图书馆员，曾简述个人观点："我喜欢科研，并希望继续喜欢下去。也许我一辈子也做不了什么大学问，期望积极探索、认识未知的点滴行动有助于益智延年、修身养性。若能利人利己，人生幸事！"

杜定友、钱亚新等前辈图书馆学家，是真抓实干成长起来的，他们的学术研究根植于图书馆事业发展、图书馆工作、图书馆实践之中。事业是世代相承的，期望时下的图书馆员科研能更好地传承与发展。

（2017-8-8）

追寻研究的意义

关于研究的意义追寻，千万次地问，简洁表述或许可以是：有没有一篇论文，让你想起我？研究的重要表现形式是学术论文。那"一篇论文"代表作中的代表，"你"是泛指，不仅仅是指今天的"你"，还指明天的"你"，甚至未来的"你"。"想起我"主要是指想起我的贡献。

生活在当下，总体来说，幸福指数老高老高。科学技术是第一生产力。借助现代科技，上九天揽月，下五洋捉鳖，不再是遥不可及的梦想。方方面面的奇迹，奇迹不奇全在人创造……借助现代通信技术，获取国内外文献信息空前便捷，研究的"门槛"似乎荡然无存。然而，形势一片大好的情况下，并存诸多不如意，自然灾害（地震、水灾、旱灾等）、疾病、战争、环境污染（如雾霾）等。具体到个体，"弱水三千，只取一瓢"，再进一步个人的学术生命，其实非常的短暂，大环境是，对于绝大多数人一旦到了退休年龄，"学术生命"基本终结或被终结。

笔者深感"我是如此平凡，却又如此幸运"，我有幸从事图书情报学习与研究近20年，有幸耳闻目睹了一些情况。国家"十一五"重点图书出版规划项目当代中国图书馆学研究文库（第三辑）出版了12位学者（吴晞、曹树金、肖希明、顾犇、李广建、王松林、叶鹰、沈固朝、徐建华、孟连生、刘炜、杨沛超）的论文集，由吴慰慈、陈源蒸主编，2010年国家图书馆出版社出版。我认为应是上述学者数十年学术研究精品集，但很惭愧，我购买了这套书数年,浏览过的内容非常少,努力今后尽可能多读些。原因可以有很多,主观的、客观的,其中可能的原因是涉及的领域非常广泛、时间跨度亦非常广、若干内容似乎还有较强的时效性,阅读起来会比较辛苦。

笔者近年对杜定友、钱亚新二位先生的关注较多,两位先生毕生的研究得到了较好的收集与整理,且我自身在张厚生先生逝世后,也为张先生毕生研究的收集与整理做了点工作。上述三位先生的模糊"叠加",再结合自身的经历,对近一百年的图书馆学研究会有粗浅的认识。钱亚新先生认为"著述不是个人财富,而是社会积累,不过由某人整理而已",我越来越赞同这个观点,同时,想再补充一点:无论个人著述是多么精彩,还需要凭借有人收集与整理,从而更好地得以纪念与传承。

有一个很有意思的现象。2000 年以前,图书馆学情报学领域的工具书很多。比如《图书馆学辞典》《图书情报词典》《图书馆学情报学档案学辞典》《中国读书大辞典》《中国图书馆界名人辞典》《中国大百科全书 中国大百科全书 图书馆学、情报学、档案学》(中国大百科全书出版社,1993)等。2000 年以后,我只知道有《新编图书馆学情报学辞典》(科学技术文献出版社,2006),该辞典由丘东江先生主编,收录 1 万多条辞目,240 万字的百科辞典。据悉 2014 年 9 月《中国大百科全书》第三版图书馆学、情报学第一次学科编委会会议在武汉大学召开,全国 25 所图书馆学、情报学研究领域最具代表性的高校、图书馆、情报所等机构的 50 余名专家学者参会,《中国大百科全书》第 3 版将会采用在线百科的形式。我不知道《中国大百科全书 图书馆学、情报学》编纂进展如何,比较关注,同时也比较好奇,我认为这个编纂任务非常艰巨,因为图书馆学情报学进入互联网时代这些年,新辞目可以有很多,有不少转瞬即逝,有不少远未取得共识,而老辞目不少似乎是真老了,不少是假老但是鲜有人能认出来了。时下的图书馆

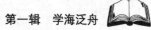

学研究，似乎"继往"不足、"开来"不力，过去、现在与未来，有待共斟酌。

　　研究的意义，说大就大，说小就小，说不清道不明几分天注定几分靠打拼，作为个体的人，选择脚踏实地、积极进取就好。

（2017-8-11）

第二辑

图林漫步

——图书情报界人和事的交流与记录

关于信息检索课的思考

作为高校图书馆员，一直认为信息检索课很重要，在做一些关注与思考，且开展了一些实践与探索。

《普通高校图书馆规程》（教高〔2015〕14 号）"第三章 工作人员"的第十一条中有"高等学校应根据发展目标、师生规模和图书馆的工作任务，确定图书馆工作人员编制""专业馆员的数量应不低于馆员总数的 50%。专业馆员一般应具有硕士研究生及以上层次学历或高级专业技术职务，并经过图书馆学专业教育或系统培训"。"第六章 服务"中有"第三十一条 学校图书馆应全面参与人才培养，充分发挥第二课堂的作用，采取多种形式提高学生综合素质。图书馆应重视开展信息素质教育，采用现代教育技术，加强信息素质课程体系建设，完善和创新新生培训、专题讲座的形式和内容"。我认为，高校图书馆"专业馆员"的数量与质量，一定程度上体现在信息素质教育开展方面，"信息素质教育"一定程度上又是由信息检索课承载。

当前，许多高校的信息检索课为全校性公选课。此外，图书馆针对各院系师生的专业需求举办相关专场培训与讲座，由图书馆馆员或数据库培训人员主讲，面向各院系师生举办有针对性的专题讲座，介绍各类电子资源以及操作技巧，提高其获取文献以及自如地利用各种图书馆资源和网络学术资源的能力。此外，师生可根据自身需要，与信息咨询部联系，举办专题培训讲座。专题讲座的内容、时间与地点均可根据师生的要求，由院系与信息咨询部负责人进行协商安排。据个人了解，不少高校，信息检索公选课的选课情况并不理想，甚至有的学校因选修的学生过少，已多年未开成课。至于专场培训与讲座，有少部分做得很出色，但更多的似乎更像是"例行公事"，种种原因，捧场的用户太少了。

信息检索课，很多学校无法纳入必修课范畴，原因有很多，教学改革要求精简课程等。也有部分学校部分专业纳入了必修课或专业选修课范畴，但师资与图书馆无关。

每年九月份图书馆都要开展迎新工作。新生入学教育的主要内容包括介绍图书馆的服务项目及图书馆的规章制度，以及带领新生参观图书馆。某高校近年改革了，由学生通过网络学习，参加新生入馆教育考试，考试通过后开通借书证，至于带领新生参观图书馆"省略"了。2016年5月中旬发现该校2015级学生未激活借书证的学生占该级学生总数的27.8%！这意味着什么？一定程度上是否"代表"这些学生不需要图书馆的资源与服务？当前图书馆的资源，由纸质资源及数字资源组成，数字资源（包括数字化图书、数字化期刊、学位论文及其他多媒体资源）可以通过网络利用。假如使用移动图书馆，可以随时随地利用图书馆的资源与服务，但前提是需要与借书证建立关联（取得授权），假如借书证未激活，是无法登陆的。

根据《高校图书馆文献资源发展概况（2010—2014）》（大学图书馆学报，2016.2）：2014年文献资源经费，"985工程"及"211工程"高校图书馆均值为1778.7万元；普通本科高校图书馆均值为484.5万元。高校图书馆之间，资源的差距是非常大的。通常还有版权约束，比如"禁止将个人网络账号提供给校外人员使用本校电子资源，更不允许利用获得的文献资料进行非法牟利；禁止私设代理服务器提供校外人员使用本校电子资源"。高校图书馆的中外文数据库，数量从几种、几十种、上百种、甚至近

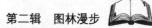

千种不等。信息检索课旨在培养用户的信息素养，帮助用户系统了解和较为熟练地掌握各类数据库的浏览、检索和使用方法，提高学习者的自学能力和研究能力。这门课并不能做到"面面俱到"，但确实有举一反三，触类旁通之效。比如，可以通过公共图书馆（尤其是大型公共图书馆）、网络搜索引擎等拓宽信息获取渠道。

当前高校图书馆的年度文献资源建设经费，数字资源经费所占的比例愈来愈重，不少高校在 60% 左右。然而，图书馆人力资源仍主要集中在印刷型资源方面，而且图书馆现有的人力资源中能够胜任信息检索课教学的比例亦是比较低的。良性的发展，亟待进一步重视高校图书馆信息检索课。希望本文粗浅的思考，能有所助益。

（2016-5-29）

台湾地区图书馆印象

　　自 2000 年以来，台湾地区图书馆与大陆图书馆的交流日益增多，学术会议、相互参观访问等，图书情报期刊发表的相关文献不少。而且，不仅仅是大陆图书馆人，大陆图书馆的主管机构（比如高校的校领导，公共图书馆主管机构的领导），说起台湾地区高校图书馆，可以说是好评如潮。我至今并没有实际去过台湾地区图书馆，但听过不少场台湾图书馆人的学术报告，也听过一些师友参观访问台湾图书馆的心得体会，浏览过为数不少的相关文献，因此给我留下若干印象。

　　图书馆法及相关法规。台湾《图书馆法》（2001 年 1 月 4 日生效），相关法规《公共图书馆设立及营运基准》（2002 年 10 月 28 日生效）、《高级中学图书馆设立及营运基准》（2003 年 1 月 24 日生效）、《大学图书馆设立及营运基准》（2004 年 7 月 28 日生效）。台湾图书馆界经过 20 余年的艰苦努力，"图书馆法"修得正果，全文 1700 余字。"图书馆法"出台之后，公共图书馆、高级中学图书馆、大学图书馆分别出台了设立及营运基准。图书馆法及相关法规，给人的印象是，简练、可执行。

　　馆舍。台湾地区图书馆很少大馆，比如高校图书馆，3 万~4 万平方米的馆舍不多见，1 万平米左右的馆舍居多。外观方面，大多其貌不扬，但图书馆内部却是别有洞天，无论是公共馆，还是高校馆均特别重视空间的利用与设计，让人觉得有内涵、有文化，而且还环保、节约。各图书馆均有亮点，积极利用现代信息技术，比如信息共享区的建设很重视，且相关工作推进比较扎实。

人员。台湾地区图书馆，人员方面有很多"亮点"。（1）特别重视"专业人员"，《公共图书馆设立及营运基准》《大学图书馆设立及营运基准》中"专业人员"的条件要求（四选一）是一样的，《高级中学图书馆设立及营运基准》条件要求中多一条"具有中等学校合格教师资格并持有图书馆科加科登记证明者"（五选一）。"大学图书馆应有三分之二以上之专业人员"，公共图书馆工作人员分三类：专业人员、行政人员、技术人员。（2）馆领导少而精。"大学图书馆置馆长，承校长之命，综理全校图书馆业务，并得视业务需要及法令规定置秘书一人至二人襄助之。"有些高校图书馆馆长并不是教授，是副教授或助理教授。而且不少图书馆是图书馆与信息中心在一起的。（3）馆员少而精。以正修科技大学图书馆为例，图书馆同时是信息中心的作用。台湾正修科技大学是一所拥有博士、硕士、本科及职业教育的综合性大学。1名馆长、1名副馆长、1名秘书，许多辅助工作学生参与或由志愿者承担。全部工作人员40人左右，8人负责图书馆的正常运作，20几人负责学校信息化工作，如软件开发等，图书馆管理信息化程度高，大大节约了人力成本。（4）图书馆工作人员精神面貌良好。工作人员的职业能力及其精气神，给参观访问者留下了美好的印象。此外，据说许多图书馆女职工占到80%，这个比例比大陆图书馆高不少。

服务。台湾地区图书馆的服务，实体图书馆与虚拟图书馆（数字图书馆）齐头并进。许多资源与服务，可以远程获取。无论是到馆服务，还是远程服务均以用户需求为导向，关怀备至、体贴入微。

当前，大陆高校图书馆较为普遍面临馆舍紧张、人员老化、新技术应用力不从心等问题。据悉，某高校图书馆，平均年龄46.8岁，40岁以下馆员尚不足15%，"专业馆员"及其职业能力状况堪忧，这类情况，并不是个例或孤例。简而言之，台湾地区图书馆，有许多方面值得大陆图书馆学习与借鉴的，临渊羡鱼，不如退而结网。

（2016-6-10）

有一种幸福叫遇上好读者

作为作者，有一种幸福叫遇上好读者。

9月1日晚，一位图书馆同行读者给我发来《图书馆学散论——科学网图谋博客精粹》（知识产权出版社，2015.12）一书的阅读笔记。长达1万5千余字的笔记，给了我一种"震撼"，我见过读书认真的，但从未见过这么认真的。审阅非常仔细，指出了书中存在的许多问题，部分内容还做了进一步的核实，且有自己的思考，从中可以看出，该读者具备扎实的学术功底。

我之前出版的几本书，每一本都有读者做勘误，该读者是做得最为认真的。我这本书三审三校的初审，出版社方让我自己把关，好些问题其实我自己做很难发现的，因此复审、终审环节出现了不少问题，当时改得非常辛苦。图书出版之后，原本还真是自我感觉良好，未料想到依然存在如此之多问题。该读者指出问题之处，大多数地方是准确的。假如今后有再版机会，我会改正过来。

"博文"的缺点是随性、随意，因此错误不少。结集出版时，不少问题不易发现，有些问题即便发现了，修改的难度也不小。修改的过程比较漫长，也比较痛苦。比如该读者提及"书后参考文献'［25］马里. 考古学家陈梦家［J］. 新华文摘，2014（17）：100-103.'"在书中未见到，原因是有一篇博文《学者的稿费》，出版社方不同意选用，在复审环节被砍掉了。

另，初始书稿中本来还有一辑"学海拾贝"，该辑整体砍掉，避免因过度引用带来不必要的麻烦。因此，参考文献的角标，有的未修改到位，该读者一一挑出来了！

关于该书中博文写作时间去掉了，是因为考虑到可以检索原始博文，且不适合按时间顺序组织内容，因此出版时干脆去掉了。保留下来的，是认为那几篇文字的写作时间具有史料价值，且圕人堂梦想与实践这一辑是按时间顺序组织的。

拙作遇到这样的读者，非常荣幸！在适当的时机，我会在阅读笔记基础之上将勘误表整理出来。之前两本博客书，均发布过勘误表。我2009年出版的第一本书《高校数字图书馆建设评估研究》，那本书也有多位读者指出书中问题，且2013年获得机会修订再版。当前这本不一定有那样的机会，但对我来说，非常受益。

据进一步了解，这位读者的阅读笔记，历时整整一个月！可以说是逐字逐句阅读，甚至进行了推敲与考证。作为一名草根作者出版的水平非常有限的小众图书，遇上了这样认真的读者，一方面真是受宠若惊，另一方面则是羞愧不已。

当前我自身是集读者、作者、审稿人、甚至编者等多种角色于一身，对我的触动很深，许多方面值得我认真学习与思考。当前学术图书也好，学术期刊也罢，基本上是"开弓没有回头箭"，出现了错误，很难有机会更正，因此需要尽可能将问题消灭在出版之前。实践中，种种原因，还真是"无错不成书"，因此需要正视问题，不断进步。

(2016-9-3)

关于信息素养课的思考

　　圕人堂 QQ 群中，某企业负责人表达用人感悟："现在大学图书馆不要一天到晚老想着如何高大上的事，只要能把现在大学生的信息素养水平提高到美国大学生的水平，那就是非常伟大的事情了。甚至达到人家高中生的水平也是不错了。"进一步补充道，"信息素养应该变成必修课了，连最基本的信息获取能力都没有，头大。我这边正式加实习的几十个大学生，各种层次学校的都有，但是获取信息能力都是很差，一个个手把手地教。我记得我当年上大学时，我们老师说了一句很重要的话，我铭记至今：你们不要想着上了大学学习多少专业知识，只要你们学会查资料和学习方法就好了！其实很简单，大学只要把信息素养作为必修课，最好 4 个学分。很多大学生我一问都是很茫然。图书馆数据库都是写毕业论文要抄时才上去看一下。现在大学生专业不对口率达到 80%，通识教育、素质教育最重要，生在一个信息社会，竟然连获取信息的能力都没有，遑论什么大学生？"

　　有位高校生物化学教师回应说："一定要开设文献检索课程……"有位高校图书馆同行说："不要说学生，多少老师信息获取能力又有多高？有多少馆长信息获取能力又如何？我们直接被否定，没必要开，其他课已经很满了，教务处没有经费给你们。他们是开了计算机基础和信息教育技术。计算机基础和信息教育技术课，竟然可以跟文献检索课等同，我第一次听说。"我也简单回复了一下："'大学图书馆'本身也有很多想法，只是很多时候'身不由己'吧。举个简单的例子，馆藏发展方面，有多少图书馆经历过为了应付各种类型评估（水平评估、审核评估、办学层次升格）突击采购的，应付之后，若干年低投入甚至零投入？当前的信息素养课这方面，种种原因，只有为数不多的高校开展得很扎实，有相当大的比例做得很少，甚至多年不做了。"

于良芝教授2016年8月出版的《图书馆情报学概论》中，依据图书馆的本质功能将图书馆定义为"通过对文献进行系统收集、加工、保管、传递，对文献中的信息进行组织、整理、传递、传播，以保障信息的有效查询与有效获取的实体或虚拟平台"。综合考量人类的信息查询与获取需要、满足信息查询与获取需要的社会分工、图书馆情报学的基本问题、图书馆情报学的知识体系之后，将图书馆情报学定义为："研究信息的组织整理，以及通过图书馆等平台实现信息传递与传播，从而保障信息有效查询与获取的学问。"1989年美国图书馆学会对信息素养的简明定义为：能够判断什么时候需要信息，并且懂得如何去获取信息，如何去评价和有效利用所需的信息。综上，图书馆、图书馆情报学、信息素养三者概括为四个关键词：信息查询、信息获取、有效查询、有效获取。

于良芝认为"随着信息量的增长，人类对信息查询与获取效率的需求也在不断变化。从竹帛到纸张再到数字化媒介的载体演化史、从图书馆档案馆部分的文献存储机构到各类藏书楼再到现代图书馆机构的演变史、从书本式目录到卡片目录再到联机公共目录的馆藏目录发展史、从手工索引到机器辅助索引再到各类数据库和搜索引擎的一般查询工具发展史都表明，人类社会对信息查询与获取效率的追求几乎是无止境的"。上述简明历史回顾与总结，亦可视作信息素养的演化史、发展史。

我作为一名高校图书馆工作者，也作为图书馆情报学学习者、探索者，对信息素养课有一些关注与思考，且实际上过这门课。我的体会是信息素

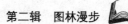

养课确实重要，甚至认为信息素养课教学能力应属于专业馆员基本职业能力范畴，但这门课需要与时俱进、因材施教、教学相长，图书馆员胜任这门课的教学不易，要得到包括高校师生在内的更广泛的认同非常不易。希望本文的粗浅思考，有助于信息素养课的开展，知难而进，迎难而上，事在人为。

（2016-9-18）

图书馆天堂，神一般的存在——西浦图书馆印象

2016年11月9~11日，"互联网+"时代的文献资源建设工作研讨会在西交利物浦大学举办，西交利物浦大学图书馆是承办单位之一。我参加了此次会议，会议期间，通过浏览网站、阅读馆刊、实地参观、与该校学生及馆员简略访谈等多种途径，走近西交利物浦大学图书馆（注：馆刊中用"西浦图书馆"简称，后文亦沿用）。西浦图书馆是国际视野中的大学图书馆发展与建设中，国际化导向与本土化特色均衡之鲜活实例。

报到后领到的会议资料中有《这壹本》馆刊（2016年8月刊，十周年特刊），匆匆翻阅，惊喜连连，因为它图文并茂、中西合璧，生动地展示了该馆馆史及全体馆员的风采。之后数次，由外而内参观了图书馆。给我的感觉是，如果用一组词来贴"标签"，我会联想到：标志性建筑、生态、绿色、和谐、馆人合一、温馨、无微不至……我特别留意到了4个小细节。一是绿色植物领养活动，绿色植物、浇水水壶等图书馆提供，读者领养，此举包含吸引读者常来图书馆看看的用意；二是咨询台旁设有失物招领柜子，相对贵重的放在玻璃橱窗中并锁好，虽然柜子里只有寥寥几件，但让人体会其服务细致入微；三是设有专门的接打电话区域多处，里边配备了沙发椅子，并做了隔断；四是办公场所绿植琳琅满目、生机盎然，是馆员自己养护的，有处苗圃中的萝卜据说还是馆长种的。

西浦图书馆发展简史。2006—2009 年在基础楼 351 室，面积 1200 平方米；2010—2012 年为 2500 平方米（增加了理科楼的第五层）；2013—2016 年在中心楼 1 层及 3~10 层 2.2 万平方米。2006 年仅有兼职人员，少量的期刊和图书，单一的书本借还。2007 年 2 名全职员工、3 名兼职人员，开始开展流通、编目、采访等业务。2008 年 4 名全职员工，成立编目部。2009 年 6 名全职员工，成立用户服务部。2010 年全职员工 10 余人，成立学术联络与参考咨询部。2011 年 16 名全职员工，着手图书馆组织架构建设和馆员职业发展提升。2012 年 25 名全职员工，成立资源建设部、教材与出版部。2013 年 25 名全职员工，新图书馆启用（8 月），创建校园书店。2014 年 30 名全职员工，创设西浦博物馆，组织架构基本完善，由 5 个专业化团队组成。2015 年 35 名全职员工，致力于资源、服务与研究三大核心工作，积极开展提升学生学习能力的培训课程。2016 年 35 名全职员工，馆藏覆盖学校所有学科领域，馆藏图书 50 余万册，9 成以上为英文专业书刊，数据库 119 种，提出西浦图书馆未来发展的新模式新理念。

西浦图书馆的新模式新理念。2016 年 7 月，团队从自身工作目标出发，结合西浦校训提出了"图书馆新模式、新理念"。新模式 LAMP 指筑建茫茫信息海洋的指路明灯，新理念（Be Smart Be Sure）意为助力西浦师生飞得更高。新模式为 LAMP，L 代表 Library（图书馆），A 代表 Archive（数字仓储），M 代表 Museum（博物馆），P 代表 Publisher（出版）。LAMP 诠释为"不再是传统意义上的图书馆，我们是茫茫信息海洋中指引方向的那盏灯。"新理念为 BE SMART BE SURE：BE SMART 意为"五大核心工作，积极响应复杂环境和快速变革要求"，S 代表 Service（以学生为中心，创新和专业的服务），M 代表 Management（基于严格预算和目标导向的管理），A 代表 Accumulation（高品质、独特的资源），T 代表 Teaching（促进新能力教育教学的平台）；"BE SURE"意为"信息泛滥的网络时代，致力于师生信息技能和思辨意识训练。"，S 代表 Search（快速、准确获取信息的能力），U 代表 Utilize（有效管理和使用信息的能力），R 代表 Rethink（批判性思考和学术思辨的能力），E 代表 Evaluation（正确评估信息可信度的能力）。新模式、新理念的产生清晰明确了图书馆的价值和目标，指明了前进的方向。

西浦图书馆馆长毕新传奇。十周年特刊馆刊中有毕新馆长的"新言心语"，全文大约有 6 千余字，系统地再现了这位馆长的传奇经历。"毕新，心理学博士，现任西交利物浦大学图书馆馆长、领导与教育前沿研究院副研究员、西浦党委副书记。"2003 年 1 月英国利物浦大学计算机信息系统硕士学位毕业，2007 年 8 月 6 日正式到西交利物浦大学工作，负责西浦图书馆筹建，带领团队进行了艰苦卓绝的西浦图书馆创建工作，"西浦本身就是中外合作大学的先行者，独特创新，所以我们在工作中所面临的很多问题，缺乏既有的解决方案和参照体系，必须从零开始依靠团队自己摸索解决。"会议期间，我们领略到了毕新馆长的领导能力、组织能力、交际能力，不仅如此，还感受到了西浦图书馆良好的组织文化与组织氛围，比如，办公区域有许多图片展示馆员的各种活动场景。西浦图书馆"勤练内功，稳扎稳打，全面提升馆员专业水平"。"图书馆培训与发展体系日益完善，使得员工的个人职业生涯发展与图书馆的战略有机地结合起来，实现图书馆与员工的共同发展。"

阿根廷前国家图书馆馆长博尔赫斯说："如果有天堂，天堂应该是图书馆的模样！"近几年，我较为密切关注图书馆的发展与建设，并且参观过若干各种类型的图书馆。此次，走近且走进西交利物浦大学图书馆，我想说：图书馆天堂，神一般的存在，那就是西浦图书馆！

（2016-11-13）

第六次公共图书馆评估定级有感

2017 年 1 月 5 日，文化部办公厅发布了《关于开展第六次全国县级以上公共图书馆评估定级工作的通知》。为贯彻落实《中共中央办公厅、国务院办公厅关于加快构建现代公共文化服务体系的意见》精神，发挥以评促建、以评促管、以评促用的作用，促进全国公共图书馆事业发展，按照每 4 年进行 1 次全国县级以上公共图书馆评估定级工作的要求，文化部定于 2017 年开展第六次全国县级以上公共图书馆评估定级工作。

寒假期间，有机会参观了河北省的两所公共图书馆。一所为县级馆，去了两次；一所为省级馆。

县级馆，头一次去为 2017 年 1 月 25 日（阴历 12 月 18 日，上午 10 点左右），第二次去为 2 月 10 日（阴历正月十四日，上午 9 点多）。图书馆位于县宣传文化中心三楼（四楼为文化馆）。头一次去，路过馆长室，估计是馆长出门问我有什么事，我说看看。阅览室的门是开着的，里边有两个 10 岁左右的小孩。阅览室面积可能在 60 平方米左右。有 100 余种期刊，报纸 20 种左右，4 台电脑，还有电子存包柜，电子显示屏，导读机等，还有一沓"报刊借阅登记"，可能是每月装订成一本，我翻阅了一下，大致了解了 2016 年的借阅情况。前边说的两个小孩，很有可能是在玩电脑游戏。电子存包柜上放着 2013 年的文化部公共图书馆评估"二级图书馆"牌子（之前是"三级图书馆"）。第二次去，馆长室开着门，阅览室门未锁，没有人，灯未开（有点暗）。两次去，该楼层似乎只有馆长室及阅览室的门是开着的，在图书馆只见到三个人。给我的印象是，该馆主要是公共图书馆评估而存在的，麻雀虽小，五脏俱全。比如政务信息公开也有，文化部共享工程也有，馆外停着文化部、财政部配送的流通图书车……

省级馆。2017年2月11日（元宵节，星期六）下午在河北省图书馆转了一个多小时（大约为17：20~18：30），给我的印象很好。新馆扩建部分，可能是2011年完成的。感兴趣的，可以浏览其网站（http：∥www.helib.net/）。这是一所高端大气上档次的现代化公共图书馆，公共图书馆理念得到了很好地贯彻与落实。下午四点多到河北省博物馆对面那个门时，我误以为图书馆闭馆了或不开放，因为是元宵节。河北省博物馆17：00闭馆，从博物馆参观了半小时左右，从博物馆出来，阳光依旧明媚。我打算绕图书馆一周。发现图书馆不仅多数服务窗口在开放，而且不少窗口的开放时间为9：00~17：00。进入图书馆真的感受到"客至如归"，我原本是游客身份，无须任何证件，经过安检之后，自由畅行全馆。到处有书可读，到处有景可赏，到处有地可休闲。凭个人有限的见识，做到河北省图书馆这个程度的图书馆，我认为是首家。我目前走过的公共图书馆，它是做得最棒的，同时，是让我感觉很"意外"的。从该馆网站"冀图史略"中了解到，在原址实施改扩建工程项目隶属河北省文化厅，始于2005年，得到了该省各级领导的高度重视，其努力的方向是"代表河北公益文化设施形象的标志性文化建筑和对外文化交流的重要窗口"。我认为河北省图书馆所取得的成绩亦与公共图书馆评估密切相关。

公共图书馆评估具有很强的现实意义，对公共图书馆事业的发展起到了较好的促进作用。总体来说，近年来公共图书馆发展势头较高校图书馆要好许多。个人对一县级馆持续观察了十年，该馆可以说是托文化部公共图书馆评估之福，跟随着脚步，有所进步。公共图书馆评估值得高校馆学

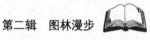

习借鉴，种种原因，高校馆的评估未能持续。教育部各种评估，办学水平评估、专业评估、学位点评估等，涉及图书馆的很粗，基本属于保障指标，侧重资源建设，未涉及绩效、效能，重在填报几个数据，各机构填报这些数据，基本没有可比性，因为缺乏统计标准。

第六次公共图书馆评估评估导向："前五次：建设导向评估，所有的评估指标都是为了公共图书馆的建设。第六次：主要是效能导向评估，虽然在指标中也会涉及一些保障指标、一些建设性的指标，但是重要指标是绩效指标、效能指标，原来比较多的是强调资源建设，强调一些基本条件，现在比较多的要强调服务，标准里面服务指标的比重比较大。意义：前五次评估中服务占的比重相对比较小，但是这一次服务占的比重就比较大了，特别强调服务，特别强调效能，这与图书馆事业发展趋势相一致，引领大家去发挥设施设备、资源的效用，这是这次评估的一个鲜明导向。"[34]关于这一点，个人体会较深，以往的评估有的馆基本是参照指标体系"凑"一下，基本谈不上绩效、效能。期待第六次公共图书馆评估在指导和推动我国公共图书馆事业发展作用得到更有效的发挥。

（2017-2-15）

做个像样的图书馆员好忙

　　与一青年图书馆员同行交流，由于新领导新想法，知悉他另有任用。他原来所做的工作专业性很强，没有"接班人"，新工作技术性较强，他自身认为难以胜任，有几分忐忑与无奈。胜任新工作，我觉得他没有问题，我认为他有理念、善沟通，这就很好！具体技术实现，另有办法。至于"老工作"断层，一己之力，回天乏术。这类现象，许多图书馆存在。

　　我的图书馆经历告诉我，做个像样的图书馆员，也许"不难"，但的确会"好忙"。种种原因，"能者"多劳，"不能者"少劳或不劳。

　　"能者"多劳，前述青年图书馆员同行是个较为典型的例子。业务工作做的是"高大上"的专业性强的工作，科研方面，先不说其骄人的科研产出，单单是 2016 年为某领域类 TOP 期刊审稿数十次，审稿任务均在三天以内完成，堪称"特级劳模"。

　　做个像样的图书馆员，怎么个"好忙"？讲一个自己亲历的例子。馆长布置一个任务，让到某二级学院去讲 Science Direct 数据库使用。二级学院具体需求是什么，其实领导也不甚清楚，提供了二级学院院长电话。与院长沟通后，我大致明白了需求，将选题调整为该学院资源与服务，时间大约为一小时。因为授课对象是该院教师，单讲一个外文数据库使用无趣得紧，需要的老师或许比我更了解，不需要的老师人家根本就不需要，而且我可以肯定大多数都不是那么需要。因为是提前预约的，该院院长还特别交代，提前一天与其联系，进一步确定时间地点。

　　为了这一小时的讲座，我做了哪些准备？首先，我认为这是图书馆资源与服务推广的机会，同时是进一步了解用户需求的机会。我的准备的内容包括有图书馆情况简介、印刷型资源、数字资源、演示与答疑。重点是介绍较为重要的数字资源，其依托平台，多数是资源平台，同时属于服务平台。我的目的是通过我的介绍，希望对教师们的教学、科研乃至生活均有一定帮助。讲课的内容立足本校资源与服务，同时要高于本校资源与服务。先行了解该学院的专业设置、教师状况，围绕专业情况将图书馆资源与服务介绍给教师们。有针对性地将专业相关纸质图书、纸质专业期刊、数字资源（电子书、数字化期刊、学位论文、教学视频等各种类型）做一简洁明了地介绍，并提供参考资料性质地"延伸阅读"信息。我的工作基础是近期提供了多种类型专业评估图书资料相关情况，采集了一些素材。花了 4 个多小时去准备 PPT，具体去讲之前，还进行了进一步润色，并将这个 PPT 通过办公网发给该学院每位教师。其实我可以不做任何准备去讲，但肯定是"泛泛而谈"，效果应该会差不少。听众满不满意我不知道，但自己不满意我知道。

　　什么叫"像样的图书馆员"，参考于良芝教授"专业化图书馆职业"观点，我认为大体是：以保障信息有效查询与获取为己任，以图书馆情报学作为基本的知识体系，以图书馆作为基本活动舞台，以图书馆协会作为行业组织，以系统收集、加工、整理、保管、提供文献为实现其使命的基本方式。如此这般，真的叫好忙——又好又忙。当前的我，并不能算是"像样的图书馆员"。也许算真"忙"，但多属"瞎忙"而不是"好忙"，或者说远未忙好。

（2017-4-8）

一名图书馆员的"老师情结"

　　"情结是一心理学术语，指的是一群重要的无意识组合，或是一种藏在一个人神秘的心理状态中，强烈而无意识的冲动。"作为一名高校图书馆从业人员，我存在老师情结。

　　我的老师情结，大致源于3个方面：一是我生长生活在教师家庭，我的父亲自1962年高中毕业后从教2004年退休，我的妻子是一名教师；二是自身从6岁开始，一直就属于"在校"状态，或做学生，或工作；三是高校图书馆属于高校"附属单位"，按照所在机构的划分，在教学科研单位、党政工团部门之后，学生或同事称呼为"老师"，更多的是出于礼貌，自身亦或多或少感觉是受之有愧。

　　我的老师情结，还有几个"影响因子"。刚参加工作时，到校园内家属区小百货店买点东西，店主问我是哪个部门的，我说图书馆的，对方接了句："哦，图书馆看门的。"工作后数年，有位年纪大一点的老师，算是邻居，算是热心帮我找对象，认为学校教工食堂服务员与我"般配"，其实我从内心是不领情的，觉得他太看得起我了。生活中，难免与社会人士打交道，当获悉了工作单位是，下一个问题通常是？教什么的？我说我在图书馆工作，对方"哦"一声，似乎明白了什么，还可以读到一种失望。还有一回，与妻子一起骑车回家，与妻子同教研室同事同行（据说是某985高校博士毕业），也是问我在哪个部门，我说在图书馆，对方下一句便是：哦，图书馆挺闲的吧？从语气可以知道，其实是不用回答的。我礼貌性地回答：还行吧。

我作为图书馆员，入职时参加过高校教师岗前培训，但由于没有承担教学任务，没有取得教师资格证。大约是 2000 年或 2001 年，学校的成人教育学院让我带过管理信息系统这门课，有全脱产的班（学生是未参加过工作的），也有非脱产的班（周末上课，学生是有工作的，大多数年龄比我大）。全脱产的班，大约是上到四五次课后，对我上课不满意，反映到成人教育学院领导那。学生们没毛病，求知若渴。我确实有问题。一是我缺乏教学经验，我是临时找来应急的（原来有教学经验的不上了，打听到我是学那个专业的找上了我）；二是提供的教材太厚了，涉及的内容太多了；三是开始两次课，让同学们对这门课充满了期待，实际属于自身自不量力，后劲不足。后来，学校开选修课（通识教育核心选修课），估计那次是第一年搞，全校 140 人选。之后若干年这门课没开起来，具体原因是什么我至今未搞明白。妻子从侧面反映学生的反馈大意是，王老师太认真了，其他选修课不少是很轻松的（比如看看电影什么的，老师基本不讲）。备课方面，我是比较认真的，但我清楚自己有许多不足，比如普通话普通（上研究生时参加过普通话等级考试，只考了三级甲等，存在语音缺失，n，l，r 等音发不准），语言表达能力也一般。

图书馆从业实践中，一种感受愈来愈强烈：作为高校图书馆，需要一批具有教学能力的专业馆员。种种原因，文献检索课（或信息素养课）日渐式微。个人近些年，为之付出了若干努力。比如在所在学校，一方面积极"鼓与呼"，一方面身体力行。未来，还愿意进一步做些努力，比如争取更多的锻炼机会。知识的学习与积累只是一个方面，加强"锻炼"是非常必要的，我结识的图书馆员同行中，有多位是"看见"他们成长起来的，做学术报告（演讲）的水平越来越高，有些还成了名副其实的老师（硕导、博导）。

（2017-4-13）

高校图书馆的存在感

科学网马中良先生的热门博文《图书馆还去吗》，其中有"就目前的情况，我一般买书回家慢慢读；网上查找；科研资料更需要网上查找，不用去图书馆。"我跟了条评论："图书馆的服务也是在与时俱进的。当前'网上查找'获取的资料与服务，很大比例是图书馆或直接或间接提供的。在高校，很多老师说我从来不用图书馆。实际上，并不是这样。"

随后遇到圕人堂有成员问："院系老师一年最多去几次？现在很多图书馆，院系老师一年也不会去一次，书也很少借，图书馆的传统资源都成了摆设，很多新书从上架到剔除都没有人借阅过。"促使我思考高校图书馆的存在感。

当前图书馆的资源与服务发生了改变。资源构成由数字资源及印刷型资源构成，前者所占比重愈来愈大；服务分为到馆服务与非到馆服务（网络服务）。

教师用户主要是通过网络利用图书馆；学生用户利用图书馆方式包括网络利用及实体利用。

教师用户确实没多大必要进行实体利用（到物理形态的图书馆），因为图书馆的资源与服务，基本可以通过网络获取。

印刷型馆藏的存储与利用，当前确实是问题。其中一部分源于印刷型馆藏的利用方式也改变了，比如有的馆买进印刷型馆藏之后，同时进行了数字化，提供电子本服务；有的图书馆买的电子书（实际主要为数字化图书，非原生电子书）。

数字馆藏的管理（采购、存取等）与服务同样问题重重。当前所谓"数字馆藏"其实是非常脆弱的，在图书馆掌控范围内的比重非常小，主要是通过采购方式获取机构用户使用权，近年来多种重要数字资源价格飞涨，因"用不起"或停或砍，一旦停了或砍了，发现"曾经拥有"几乎成了过眼云烟。

图书馆的职能为文献资源的收集、整理与提供服务，现实却是问题重重，基础服务马虎应对，高端服务心有余而力不足。图书馆与图书馆之间的资源与服务存在"鸿沟"。我在工作中也获悉，在部分高校，有一定比例教学科研做得好的教师，他们有办法获取所在机构外的资源与服务（基本不用本机构的资源与服务，认为有更好的选择）。其中的办法，有名正言顺的（比如自身购买数字资源商提供的账号、利用合作机构的资源等），也有灰色的（比如通过购买牛校 VPN 账号等）。

图书馆这一行，资源优势日渐式微，人员方面由于核心业务外包等因素，似乎已然是可有可无。变革中，高校图书馆如何找准位置，还真是个问题。

（2016-4-10）

我的数字资源推广经历

　　自 2015 年 5 月开始，我作为图书馆参考咨询部负责人，承担了中外文数据库及期刊采购工作。文献资源采购经费预算中，数字资源经费 2015 年占 57%，2016 年占 67.8%。数字资源推广方面颇下功夫。

　　2015 年 5 月 29 日建立学科服务群。该群定位为图书馆学科馆员与教师用户的交流平台。服务内容为：①图书馆资源推广；②学术信息分享；③解答用户疑难；④指导检索利用；⑤了解文献信息需求；⑥了解资源使用情况；⑦征求意见。建立至今，有成员 192 名。发布学科服务速递 23 期（频率为半月一期），群文件分享 267 个文件，其中很大比例是经过编撰之后发布的。学科服务速递，不仅在群文件中分享，还通过学校办公网向全校教职工分享，且自 2016 年 9 月开始，在图书馆网站公开，学生亦可以分享。学科服务速递内容，主题实际是数字资源推广。

　　组织策划读书节数字资源利用系列讲座。系列讲座中，数字资源全覆盖。主讲人以数据库资源商培训师为主，参考咨询部人员为辅。对于重要的数字资源必讲，若数据库商没派讲师的，安排参考咨询部人员讲。所有讲座 PPT 均通过学科服务群分享。各院系如需要单独开展数字资源利用讲座，单独联系。种种原因，虽然联系的不多，但还是有，且切实受益。系列讲座这样的工作是有益的。与数据库商的沟通增强，参考咨询部馆员对数字资源的关注增强，用户或多或少因为关注与参与受益。

所在学校移动图书馆服务于 2015 年 10 月开通，借助移动图书馆服务，一定程度上有助于缩短差距，对我们这类高校是大有帮助的。我们在努力尽可能地为大家提供更多的资源与服务。移动图书馆服务是一项性价比很高的服务。一是图书馆阅读移动化是未来图书馆发展趋势之一，当前人们信息获取和阅读方式呈现出多渠道、移动化、社交化的特点，数字阅读正在逐渐融入大众生活，满足了任何用户在任何时间、任何地点以任何方式获取任何内容的阅读需求。二是我们学校当前数字资源相对是比较少的，借助移动图书馆服务，很大程度上拓展了资源获取渠道。三是我们学校目前没有提供数字资源校外访问服务，移动图书馆服务是一种较为有效的辅助办法。四是该服务对学生群体利用图书馆大有帮助，不仅有利于学生充分利用图书馆的纸质馆藏，还有利于其进行移动阅读，移动阅读将成为图书馆阅读的主要形式，此外还可以利用移动图书馆服务进行拓展学习，获取公开课、学术视频等资源。为了推广该服务，先后编写了大量资料，包括使用指南、利用概况等。不仅如此，还争取到学校官方微信发布专文进行宣传与推广。2016 年 1 至 10 月读者访问量 TOP50 中，我的排名为 22 名，很大程度上是因为我要做宣传推广。我还注意到，第一名是一位老师，访问量高达 39.6 万次，遥遥领先（第二名为 18.3 万次），这位老师使用移动图书馆是我推介的，曾在我办公室花了近半小时单独讲解。访问量 TOP50 中还有好几位，很有可能曾听过我为他们学院做的讲座，该讲座花较多的时间讲解移动图书馆。

　　2016 年下了较大功夫宣传大型公共图书馆的资源与服务，宣传较多的有国家图书馆、上海图书馆、南京图书馆。国家图书馆拥有丰富的信息资源，其中许多中外文数字资源提供远程访问，输入读者证、密码信息便可使用。根据国家图书馆读者卡申办条件，为方便我校教师利用国家图书馆的资源与服务，参考咨询部组织办理国家图书馆读者证 344 张。已有部分教师反馈切实受益。

2011 年我曾写过博文《图书馆数字资源用户推广有感》 （http：∥ blog. sciencenet. cn/blog-213646-508849. html)，最后一段为："图书馆数字资源用户推广是图书馆义不容辞的责任，图书馆层面应予以重视，学校层面应予以支持。至于如何开展，或者开展的如何，关键在于因地制宜、因时制宜积极探索与实践，循序渐进，终究是方法总比困难多。"有同行调侃道"就像新闻联播台词一样"，并告知"也在推广，效果不理想"，我当时的回复是"如有雷同，不胜荣幸"。经历的背后是需要付出努力的，我相信这样的微努力是有益的。

（2016-10-18）

闲话图书馆员培训

关于图书馆员培训，近期或主动或被动，频频受关注。索性来篇闲话。

江苏省的图书资料高级职称评审表中有"继续教育情况（国内外培训、进修或考察情况）"，有同行向我咨询："一定搞出平均每年都得 72 学时？"其实我也不知道。我自己这块是"模糊处理"的。或许我算是比较幸运者，我自认为可以填写的内容不少。比如先后参与过数字图书馆前沿问题高级研讨班、中美数字图书馆高级研讨班、全国科技查新人员业务培训、上海国际图书馆论坛、CALIS 国外引进数据库培训周、高校图书馆十三五规划高级研修班等。有的有发证，有的并没有，至于计算学时，我也不清楚具体算法。参加这些"继续教育"感受如何？我认为，首先是有益的，对工作开展有帮助，对个人提升亦有帮助。毋庸讳言，种种原因，能够"学以致用"的比例偏小了点。

有图书馆同行说："馆里外行太多，交流太困难。"当前图书馆"去职业化"特征确实是很残酷。比如，2009 年刘炜先生曾总结过："图书馆员正在越来越受到非图书馆学[35]专业出身的上级行政人员（官僚体系）的控制，职业自主权正在逐步削弱；图书馆学专业的核心知识在信息技术的冲击下变得越来越模糊，长期没有产生深奥的知识；非图书馆学专业出身的人员正在占据或顶替大量原有的图书馆员岗位。"上述状况，在今天，仍然是看得见的事实。尽管图书馆这一行，存在一系列职业特征，包括：有系统的专业知识和理论、有专门应用的科学方法和实用技术、有已经发展出来的从业道德准则、有行业协会及工作标准等。

2004年6月，美国图书馆协会理事会明确了图书馆员职业核心价值内容：知识保存与传递；对个人、集体、社会的服务；维护知识自由；理性地处理图书馆业务；鼓励读写等学习；保障知识和信息的公平获取；保障用户的隐私权。图书馆员有其职业规范，包括：应当捍卫每一位读者的权利，促进每一位读者不受歧视地获取知识信息资源；承认并且尊重知识产权；珍惜和爱护馆藏知识资源；应当承担一定的公共责任，代表图书馆积极参与公众社会事务；应当认识到每位馆员都对图书馆有特定的作用；应意识到自己所有的服务为达到专业和优秀，必须进行终身学习。图书馆员有其职业道德，包括爱岗敬业、热情服务、读者至上、团结协作等。

李金永先生认为，"馆员的职业成长是图书馆发展的有机组成部分，馆员培训是推动馆员成长不可或缺的实践活动。""图书馆作为典型的信息服务机构，馆员培训的终极落脚点必然是为了更好地满足服务对象的需求"，且进一步探讨了馆员培训中的"软抵抗"成因及其对策[36]。笔者深表赞同，并积极为其推而广之，希望引起有关方面更多关注，更好地促进馆员培训工作开展。

馆员培训中，当下较为热门的是学科馆员培训。有同行问我："我馆将安排几名学理工科的硕士生到咨询部来工作，领导想培养这些年轻人，将来做学科服务。都不是学图书情报专业的，但都有自身的专业背景。需要短期培训一下图书情报专业知识……能否给点建议，这些人将从哪些方面培养，才尽快入手做好信息服务工作。"我的简答是："'学科服务是以用户为核心，主体通过学科馆员，依托图书馆和公共信息资源，面向特定机构和用户，建立基于科研与教学、多方协同、面向一线用户的一种新的服务模式和服务机制，向用户提供个性化、专业化、知识化的服务，提升用户

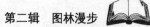

的信息能力，为教学科研提供有力的信息保障与支撑。'据此，新馆员入职需要做的是熟悉所在图书馆的资源与服务。"除此之外，言犹未尽的是：职业能力的养成，需要建立在职业价值、职业规范、职业道德的认同与尊重的基础之上，融入与投入，远非一朝一夕之功。

（2017-1-15）

闲话图书馆的数据

　　南京大学图书馆邵波副馆长在"互联网+"时代的文献资源建设工作研讨会上的报告中，提及当前的图书馆学研究对图书馆产生的数据研究不够，这些数据比通过种种调查问卷得到数据更值得研究。我深表赞同。

　　沈奎林先生《拆解大数据》（http：//url.cn/40gKklr）一文，对大数据进行了"科普"。"麦肯锡：'数据，已经渗透到当今每一个行业和业务职能领域，成为重要的生产因素。人们对于海量数据的挖掘和运用，预示着新一波生产率增长和消费者盈余浪潮的到来。'IBM将大数据的特征归纳为4个'V'（量Volume，多样Variety，价值Value，速度Velocity）。第一，数据体量巨大。大数据的起始计量单位至少是P（1000T）、E（100万T）或Z（10亿T）；第二，数据类型繁多。比如，网络日志、视频、图片、地理位置信息等。第三，价值密度低，商业价值高。第四，处理速度快。最后这一点也是和传统的数据挖掘技术有着本质的不同。"我赞同图书馆没有"大数据"，具体到任何一家更是没有，但"小数据"有不少，值得进一步挖掘与利用。

　　初步盘点一下，具体一家图书馆拥有的数据，大致可以有图书馆集成管理系统中的数据（比如书目数据、图书流通数据、阅览数据、公共查询系统访问产生的数据等），图书馆网站及其相关数据（包括由图书馆门户关联的各种数字资源及其利用情况数据），部分图书馆还可能有门禁系统数

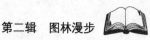

据、监控系统数据等。假如是各种图书馆及其相关的联盟，还可以有更多共知共建共享数据。此外，还用公共图书馆评估定级数据、高校图书馆事实数据等。如果要进一步深究，可以有许许多多规模不等、类型多样的数据。

面对上述种种数据，种种原因，挖掘与利用的层次甚浅。我自身做过图书馆集成管理系统管理员、网站管理员、数字资源采访馆员等工作，时不时参与填报各种类型各种需求的相关数据，也利用社会调查法开展过一些图书馆相关的调查研究。我的感受是，鞭长莫及，力不从心。有个人的原因，比如精力不足、能力有限；也有所处环境的原因，包括图书馆小环境，及图书馆之外的大环境。关于纸质馆藏利用率逐年下降，这是整体趋势。但可以有更细致的分析，比如与兄弟高校比，与自身不同时间段比……可以有许多有意义的发现。关于馆藏统计，纸质馆藏的统计取得了一些共识，数字馆藏的统计则是令人困惑不已，缺乏可资参考的标准。关于数字馆藏利用，点击量，下载量，访问量等，计量标准也是个大问题。好些时候，真是"难得糊涂"，"差不多"就好。

图书馆的数据，亟待多一些关注与思考。图书馆这一行的专业性、职业能力的提升，着力点之一或许就在于对其进一步挖掘与利用。

（2016-11-16）

关于数字资源利用情况的思考

  自 2015 年开始，我承担数字资源采访馆员角色，比较密切地关注数字资源利用情况，有便利获取一些统计数字，也有便利与数据库商、高校图书馆采访馆员同行等进行一些交流，有一些尚不成体系的观察与思考。

  数字资源利用情况，是良莠不齐的。影响因素很多。A 馆的情况，不仅纸质资源利用率一年不如一年，实际上数字资源利用率也是一年不如一年。可能的影响因素，与学校的科研激励政策、人事晋升政策、校园网环境、信息素质教育等密切相关。比如导向高水平论文，高不成低不就者，觉得此路不通绕行；职业生涯发展无望，选择另谋他途；数字资源访问授权通常是授权在校园网 IP 范围内，不提供 VPN 等远程访问便利，甚至校园内用户使用不了或使用不便，使用情况必然受影响；信息素质教育未引起重视，专业馆员队伍薄弱，未能开展相关课程或讲座，用户不了解有什么如何用，也是大有影响的。

  数字资源利用情况的观测点，虽然尚未形成标准，但已有一批可资参考的探索与实践。比如部分数据库商，提供有使用报告查询账号，中文的中国知网系列数据库，外文的 ScienceDirect 数据库，他们是做得比较好的。据悉还有 Ebsco, Wiley, Taylor francis, Springer, Sage 等数家给用户提供查询账号。DRAA（高校图书馆数字资源采购联盟）网站，提供 130 余种资源的使用情况查询，有较高的参考价值。

A馆2015、2016两年ScienceDirect数据库费用，占数字资源经费一半多，占总文献资源经费近三分之一。两个合同期（2011—2013，2014—2016），价格从60万元涨至123万元，价格翻番。2012—2015年的下载量分别为33267、31127、29273、18892。全文下载成本上升幅度更快，使用量却一年不如一年。性价比很糟糕。2012—2015年DRAA成员馆ScienceDirect数据库全文下载成本最高的分别为：154.8元，143.76元，394.09元，1201.25元。与A馆办学层次比较接近，地域亦临近的数馆，2015年ScienceDirect数据库利用成本情况。A馆57.62元（全文下载18892篇）；B馆17.78元；C馆40.38元。D馆全文下载21566篇（2014.12-2015.11）。DRAA（高校图书馆数字资源采购联盟）315家用户，平均3.22元/篇。

ScienceDirect数据库的售后服务，利用情况糟糕与他们售后服务未跟上亦密切相关。由于售后服务人员流动性大，沟通起来很麻烦，转来转去。用户培训方面，我认为做得很不够，感觉是实在顾不上。今年，他们在试图做些改进，但还很不够。

有部分馆的情况同A馆是比较相似的。2012—2015年DRAA成员馆全文下载成本最高的分别为：154.8元，143.76元，394.09元，1201.25元。特别是办学层次与A馆相当的馆，所承受的压力巨大。希望谈判组谈判时可以适当兼顾这群用户的利益，反映他们的诉求，削减"数字鸿沟"。希望能提供一种价格策略，与"全文下载量"相关，对于远远高出平均使用成本的机构，最好能有补偿机制。补偿机制可以是酌情提供Elsevier旗下，其他资源的使用权、用户培训、馆员培训等举措。当前，关于数字资源利用需要做的工作还有许多。

（2016-11-24）

闲话博士馆员

　　图书馆领域博士馆员愈来愈不"新鲜"了。高校图书馆、科学院系统图书馆、大型公共图书馆，其中有不少馆，博士学位馆员已占到一定比例。本篇闲话，更多是关于高校图书馆的博士馆员。

　　笔者近期获取了一组高校图书馆2015年事实数据（2016年填报），共10家高校图书馆，涉及6所985高校，2所211高校，2所普通本科高校，这组数据相对来说会是比较准确的（注：数据见《高校图书馆人力资源现状的思考》一文，此处省略）。十家高校图书馆，家家有博士，高校B，博士馆员的比例甚至超过10%。这组高校，总体来说，可以说是，状态相对较好，高于平均水平的。

　　近期，圕人堂群中有关于博士馆员的讨论，话题是因馆员咨询考博引起的。当前，高校图书馆有不小比例的馆员，有进一步提升学历的愿望，可以笼统归结为"形势逼人"。针对当前好些高校图书馆进人门槛也设为博士，我的疑问是：图书馆需要博士做什么？博士能为图书馆做什么？有同行告诉我"很多图书馆都在转型，学校战略层面需要博士"。实际上并没到那个高度，学校做这样的要求只是因为没把图书馆当回事。有同行指出实质为"很多时候是领导的思路或观念，与图书馆实际工作需要基本是无关联的"。我其实还有第3个疑问：博士在图书馆能做什么？也就是博士学历馆员在图书馆的职业发展问题。第3个疑问，有同行与我进行了交流，他告

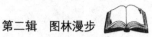

诉我:"针对这个问题,我专门问了学校相关决策者。首先是教育主管部门要求博士的比例,其次是对进校项目的要求,年轻博士是去申请项目的基础,数据也显示年轻博士申报积极性高,成功率高。图书馆的工作在领导眼里,什么人都可以做,如果有外行的人在做,又能充分让图书馆与教学部门贴近。所以,图书馆不进人了,把偏门的博士、不能上课的博士弄过来。在有些图书馆,针对这些博士馆员,成立了什么信息研究所等。这就是博士馆员的职业发展。我们馆有个同事出去读博了,明年回来会再进图书馆。也就等于说,在图书馆内部实行岗位区别对待了。"我的回答是:"当前你们属于领导比较开明的。很好的机遇。我说的是较为普遍性的问题。我知道一所学校是往图书馆塞了3名博士,属于有种种问题的那种。馆长的角色很重要。某高校图书馆近年的发展势头很好,这与馆长有很大联系的。有好几名博士,业务、科研均很棒。可以说人是馆长要来的,也是馆长用起来的。很多高校缺少这样的机遇。不少图书馆其实是有能人的,不少被陆续挖走了。"该同行亦感慨:"一窝蜂进博士。""不能上课的博士,不能开除,也就只能送图书馆了。不过那些博士在图书馆,也许又有新的一番天地。""很多高校图书馆都是10多年没有进专业人才了。"……

高校图书馆博士馆员队伍大致构成为:馆员在职提升学历的、博士毕业入职的、校内转岗、制度安排(比如部分高校要求馆长须为博士学历教授、"双肩挑"等)。部分高校图书馆开设有研究所,有的还承担了图书情报研究生培养任务。"高等学校图书馆的建设和发展应与学校的建设和发展相适应,其水平是学校总体水平的重要标志",高校图书馆的博士馆员的"主流",有的已大显身手,有的初露锋芒,有的蓄势待发……

未来,博士馆员或将是高校图书馆专业馆员的"主力军";当前,相关方面均需要正视:图书馆需要博士做什么?博士能为图书馆做什么?博士在图书馆能做什么?

(2016-10-20)

南开图书馆学实证研究会议参会小记

由南开大学研究生院主办，南开大学商学院信息资源管理系、杭州市图书馆事业基金会承办，徐建华教授组织的"第6届图书馆学实证研究"博士生学术会议于2016年7月21~25日在南开大学商学院召开。该会议在2011—2015年成功举办5届的基础上进一步延续与提升，继续围绕着图书馆学规范性实证研究、跨学科合作、国际化而开展。笔者作为一名高校图书馆员，有幸参与了此次盛会，一次又一次被感动，满满的收获，满满的幸福。

会议筹备组于2016年6月2日发出会议通知，全国范围内接受报名，报名对象为对规范性实证研究有兴趣的在校（或即将入学）的图书馆学与编辑出版学科博士、硕士研究生，青年教师，业内核心期刊编辑，图书馆从业者，图书馆资源与系统供应商。不收会务费，学生食宿费用由本次会议承担，非学生住宿费自理。原计划招收"约120人"，实际上有500多人报名，采取以报名先后综合平衡的原则，实际"录取"了280余人。与会人员通讯录上有264人，其中博士生19人，硕士生118人，本科生15人，图书馆员70人，教师23人，其余为出版社、学术期刊（6名）、图书馆资源与系统供应商等的参会人员。7月22日合影留念照片上有200人。

会议以操作性、实用性、前沿性、规范性、国际化的特色，方式包括海内外专家的理论介绍、案例演示、规范辨析、上机操作、核心期刊编辑座谈、问题诊断、交流研讨等。内容包括：海外图书馆学研究热点、研究动态与规范性要求，近年发表的图书馆学实证研究论文点评，图书馆学研究的跨学科开展，问卷调查的规范与实施、问卷调查方法中量表与问卷的辨析、SPSS 数据分析全过程讲解、数据分析与发文关系，眼动实验与 SC-IAT 实验在图书馆领域的应用，职业生涯规划，国内外学术期刊发文技巧，南开大学信息资源管理系教授的前沿研究介绍，与会者实证研究中所遇问题诊断等。整个会议有 12 场主题报告，代表性的有天津师范大学心理与行为研究院杨海波副教授《眼动实验方法》、南开大学周恩来政府管理学院社会心理学系陈浩副教授《社交媒体、搜索引擎与行为科学研究》、南开大学商学院信息资源管理系于良芝教授 *Core concepts*, *their logical connections and structure of LIS*、美国克里夫兰州立大学孙荣军教授《社会科学研究方法的几个问题》、南开大学社会学系郭大水教授《访谈技巧及实施》、徐建华教授《图书馆职业特征与图书馆职业生涯规划》、天津工业大学图书馆李超博士《实证社会科学研究的要点、技术与示范》、天津师范大学心理与行为研究院博士后徐晟《数据录入与审查、因素分析和信效度检验》、美国佛罗里达州立大学图书情报学院博士生俞碧飏《美国图书情报学与实证研究》等。

　　会议内容丰富，安排紧凑。报告人个个身怀绝技，引得满座听众聚精会神听讲。每天上午 4 小时，下午 4 个半小时，均安排满了。7 月 23 日，郭大水教授的《访谈技巧及实施》报告给我留下非常深刻的印象。郭教授用一个 Word 文档列了个提纲，连续站着讲了 3 个小时（郭教授已退休），举重若轻，字正腔圆，幽默风趣。台下数百听众，几乎都从头听到尾。报告结束时，有位提问者的评论是如同听百家讲坛一般。我是首次见识到这样的场景。当前下午的 3 场主题报告由我主持，第一场报告是 13：30-15：00，报告结束，我提议休息 5 分钟，说了"别因为热爱学习而憋屈了自己"，因为我知道当天上午憋尿的远不止我一个。徐建华教授在休息间隙特别交代：后边的环节别再安排休息时间，有需要可以自己出去。其实我知道，"憋屈"的原因种种，有的是因为报告精彩，怕错过任何内容，有的是觉得不方便（离开座位，进出会影响其他人），有的是觉得不礼貌……当天晚上安排了一场相声，由南开大学学生社团表演，19：00 开始，21：30 结束。

一周的会议，徐建华教授台上台下有着许许多多的不凡、不俗的表现。由于会议前后，我国大范围暴雨，许多地方的交通受到影响。我自己的情况是检票进站后才知道所买的车次停运了，幸运的是买到了另外一趟车的票，并赶上了晚餐。有部分报名者经过种种努力之后，实在是没有办法参会。我到晚餐地点时，已是 6 点多了。我看到徐教授在迎接每位参会者并安排座位，我那桌挤了 12 人（正常可能是 4~6 人用的）。大概是临近 7 点开席，挤归挤，但上的菜挺丰盛的。中途徐教授领着从美国来的孙荣军教授挨桌敬酒，一方面作解释说明，一方面介绍孙教授。午餐是吃盒饭，徐教授安顿好大家之后才吃，有一次我见到徐教授是端着饭盒站在门口吃，边吃还边招呼参会者。在吃过饭的不到 1 小时时间里，还为参会者答疑解惑，提供种种指导与帮助。会议安排我这么一个草根在开幕式上就座主席台，并作为馆员代表发言，此外，安排我主持 7 月 23 日下午的 3 场主题报告。我认为这是"大牛中的大牛"对"草根中的草根"的特别关爱与提携。会议结束临近结束前，徐教授、徐晟博士、俞碧飏博士三人逐个解答参会者在报名环节提交的"需要诊断的问题"，妙趣横生。随后所有参会者依次上台亮相，介绍自己及自己的研究方向。最后由华南师范大学束漫教授作会议总结，束教授为这个总结还准备了两段视频及趣味图片若干，别出心裁，声情并茂，余韵悠长。

1928 年芝加哥大学成立了一所具有博士学位的图书馆学院（The Graduate Library School at the University of Chicago，简称 GLS）。它的学风和

理论追求影响了一代图书馆学家。芝大 GLS 教员致力于发展具有高度理性的图书馆学知识体系，从历史、文化和社会的角度思考图书馆生存的哲学问题，同时也以社会科学中流行的实证方法或思辨方法研究图书馆问题，被后人称为"芝加哥学派"。随着"芝加哥学派"的兴起，部分图书馆学家开始关注与图书馆有关的社会、历史与文化问题，并以新的图书馆哲学和图书馆学体系挑战检验图书馆学，由此形成 20 世纪最重大的一次理论变革[37]，或许，"南开图书馆学实证研究学派"正在成型与成长。艾肯（D. Aaker）认为，品牌资产包括以下 5 方面内涵：品牌知名度，品牌忠诚度，品牌联想，认知品质，其他特有的部分。"南开图书馆学实证研究会议"这一品牌已然建立，正在发展中。期待"南开图书馆学实证研究会议"得到更多的关注与支持，越办越好！

（2016-7-27）

图书馆参观有感

只要有机会，我就非常愿意参观各种类型的图书馆，最好能随手拍几张照片。想较为系统深入地了解，可取的方法是：走进或走近图书馆，实际瞧一瞧、看一看，有机会的话，找人聊一聊。

参观实体图书馆的前后，往往会做一些功课。我没有去过某图书馆，但不妨碍从侧面对其进行了解，并得出初步印象。了解途径：（1）访问其网站，浏览有关链接，了解其资源与服务等；（2）通过搜索引擎进一步获取其社会评价等信息。之后，会形成参观结论或印象，但由于通常属于走马观花，了解不够深入，或者顾及被评价方"不高兴"等因素，不宜或不能公开。

近期实际看了一个直辖市、两个地级市的老馆或旧馆及其新馆，五味杂陈。如果用两句话陈述"滋味"：有关方面在形象方面（包括馆舍、信息化设施等），投入力度不小；但在内涵方面（包括人力资源、资源、服务等），投入马虎了事。"馆人合一"，需要做的事情太多。

开展深层次服务，好些馆是力不从心的。有的馆上了一些"高大上"的设施，实际上运转不起来，有人力不足方面的原因，也有不具备相应激励措施的原因。"深层次服务"是一个相对的概念，大意是指相对有点专业性的服务。比如在当前的环境下，图书馆资源的馆外访问需求比较合理，然而这一块，不少馆做得很不够。

（2016-10-8）

培基乃美玉，光洁质坚优——回忆我与许培基先生的通信

嘉兴图书馆郑闯辉先生向我约稿，告知许培基先生已于今年 8 月仙逝，嘉兴图书馆馆刊《味书轩》拟编发一期纪念文字，让回忆我与许培基先生的通信情况。纪念是为了更好地传承，纪念宜趁早。特此依据图谋博客博文及电子邮件信息，作一梳理，谨以此文缅怀许培基先生。

依据《苏州图书馆编年纪事》（苏州大学出版社，2014），许培基先生，浙江嘉兴人，1926 年 2 月出生，1949 年 12 月参加工作，1992 年 3 月退休，政治面貌为"中共党员"，职称为"研究馆员"。许培基先生 1949 年毕业于苏州社会教育学院图书馆学系，1957 年到苏州图书馆工作。1957 年 11 月至 1967 年任苏州图书馆副馆长；1977 年 9 月至 1978 年 2 月为"负责人"；1978 年 2 月至 1979 年 9 月为副馆长；1979 年 9 月至 1989 年 11 月为馆长。曾参与《中国图书馆图书分类法》第二、第三版修订，获国家科技进步成果一等奖。著有《冒号分类法解释及类表》《苏州市志·图书卷》《江苏艺文志》（任苏州卷主编）。参与《当代中国图书馆事业》《苏州文化手册》《苏州词典》的编撰。

2012 年 1 月 17 日我同谢欢先生通过电子邮件分享钱亚新先生写给张厚生先生的信，电子邮件中有："《图书馆学家张厚生先生纪念文集》将于 2012 年上半年出版。欲采用一些学术通信，特此将提供给东南大学的两封

学术通信（附一张照片）与你分享。""白国应先生同你联系是电子邮件联系么？如果是，希望告知。白先生是张厚生先生的老朋友，我希望了解一下白先生那儿是否保留有张先生发出的信件？如果可能，最好能在纪念文集中选用。"2012 年 1 月 17 日 14：40，收到谢欢先生邮件："下午整理钱老诗词，其中有张厚生先生相关记载。"邮件中分享了钱亚新先生于 1977 年 9 月 24 日写的《得宝》及附注。

2012 年 1 月 18 日，我撰写了博文《钱亚新得宝的故事》（http：//blog. sciencenet. cn/blog-213646-530018. html）。钱先生所得之"宝"是指许培基先生、张厚生先生。笔者通过挖掘"内幕"，可以再现当时非常愉快的场景。钱先生 75 岁，许先生 52 岁、张先生 35 岁，老中青三人志趣相投，相谈甚欢，相见恨晚。饱经风霜的钱先生因年事甚高，且疾病缠身，"四处求珍宝，多年志未酬"的急切心情可想而知。及至遇到许培基、张厚生两位年轻人，真是"踏破铁鞋无觅处，得来全不费工夫"，实乃"后继有人"，因而感慨"今朝得美玉，光洁质坚优"，如获至宝，喜出望外。

随后，我通过邱冠华先生联系上许培基先生，并于 2012 年 2 月 7 日收到许先生 2012 年 2 月 1 日（笔者注：是日为农历正月初十）给我写的回信。我于当天写了博文《<钱亚新得宝的故事>后续》（http：//blog. sciencenet. cn/blog-213646-535127. html），并写了个按语："年前拜托苏州图书馆邱冠华先生将《钱亚新得宝的故事》转给许培基先生，2 月 7 日收到许先生来信。该信出自一位 87 岁高龄前辈之手，长达 3 页纸，笔走龙蛇，一气呵成。笔者通过电话向许先生表达感动与感谢，由于许先生听力不便，由许夫人转达。"并全文转发了许培基先生的信：

启云同志，你好！

苏州图书馆转交给我你的大作《钱亚新得宝的故事》一文，十分惊喜。我以前也未听说过钱先生有此诗作。钱先生在此诗中称我为宝，我是愧不敢当的，但我们师生之间确实是情深谊厚的。钱师思想进步，1948年春夏之交，风闻国民党苏州城防司令部要到社教学院抓捕地下党团员及进步学生。当时，我是学生自治会学术部长也在疏散之列，我在苏州没有亲戚就跑到临顿路东北街口一条小巷里的钱师寓所平安过了一夜，却累得钱师一家不得安睡。后来，钱师在南图工作，我在苏州图书馆任馆长，每次到省文化厅或南图开会，必到钱师家拜访叙谈。钱师常常留我便饭，亲似子侄。

你文中提到的参加中小型图书馆分类法这些同志，我大多认识，其中如胡积辉是文化部图书馆管理局长，周继良、张琪玉、成素梅、李兴辉都是和我一起参加《中国图书馆图书分类法》的修订工作的。我从苏州图书馆退休至今已十五年了，对图书馆界的现状比较隔膜了，不知这些同志近况如何？常在念中，你文中似提到张厚生同志已不在人世，他年龄不大，可谓英年早逝了，悲夫！在图书馆学中，20世纪六七十年代，图书分类学似居图书馆学之前沿，一方面是因为当时还没有一部合适的大型图书分类法，当时只有人大法、科图法是大型的，但都有一定缺点，不适合全国公共图书馆之需要，另一方面是当时一些知名的图书馆学者如刘国钧、钱亚新等在这方面发表的论著较多。直到后来，才为情报检索所取代。

在图书分类法的具体编制工作中，李兴辉同志的贡献最多，《中图法》的几次修订都是他和韩承铎同志负责的，李兴辉工作比较踏实勤奋，但十分小心谨慎，在第二版的修订中，我负责 D 政治、K 历史两大类，当时"四人帮"虽倒台了，但"两个凡是"影响仍在，所以样板戏之类目删除了，但无产阶级专政下继续革命之类目仍未删去，所以当时编写的使用说明也存在这些错误，在我们修订过程中，钱师及张厚生同志曾提供图书馆学类目的修订方案，也因此未被采纳，当时对类目的取舍，较多顾虑各图书馆已分图书改号之困难，所以能不改号的尽可能不改号，以致很多类目不合理处仍在以后的各版本延续至今，我们参加修订的人，对此也是不满意而无可奈何的，中图法有一进步之处是首次应用了冒号：组配类目。所以，我和原湖北省图书馆后来到深圳的宋克强同志合作研究了印度图书馆学者阮冈纳赞的冒号分类法，译著了《冒号分类法解释及类表》一书由书目文献出版社出版发行，这是我国继刘国钧先生介绍后，第一部全面介绍阮氏理论的专著，也算我完成钱先生终身研究改进分类法的遗念了。我现已八十七高龄了，看到你们年轻人对老一辈的尊重与关怀，感到十分欣慰，故拉杂写此复信以表谢意也。

此祝 春节好

许培基

2012 年 2 月 1 日

拙作《图书馆学随笔——<图谋博客>精粹》（国家图书馆出版社，2011.12）收到样书之后，于 2012 年 3 月 7 日给许培基先生寄出了一本，印象中曾接到许先生家人来电告知已收到赠书。

与许培基先生的通信，收获颇丰，不仅收获了图书馆史料，还感受到了图书馆学家前辈的为人与为学。斯人已逝，言犹在耳，精神长存！由衷赞曰：培基乃美玉，光洁质坚优。

（2016-11-5）

CALIS 第十五届引进数据库培训周参会略记

2017 年 5 月 15 日至 20 日，我参加了在南京召开的"数字资源与知识服务研讨会暨 CALIS 第十五届引进数据库培训周"会议。

自 2016 年 12 月开始，接连遭遇亲人健康出大状况，消耗了大量精力。参加培训周会议，于我真是一个艰难的决定，直至参会前两周，还因无法确定是否能成行而忐忑。我希望参会有以下原因：一是因为与当前所从事的工作密切相关，数字资源采访、学科服务是我工作的重点；二是因为我承担的科研任务需要与业界、同行保持关注，并尽可能多交流；三是需要稍事休息，近半年来几乎每天都是没有硝烟的"战斗"状态；四是可以趁机拜会在南京的师长和朋友。

南京之行，较好地达成了愿望。全程参加了数字资源与知识服务研讨会，参加了数据库培训，还参与了考试。来自同行、数据库商的鲜活信息，对自己的工作是有启发、有帮助的，同时也会引发自身若干思考。囿于自身所处环境，许多数据库知之甚少，但做些了解是有益的，可以了解新动态、新进展、新工具，其中有一部分是完全可以"学以致用"的。会议期间，与业界、同行有若干交流，这样的交流是面对面的，对进一步的交流是有益的。围绕 ScienceDirect 数据库采访，曾与 DRAA 牵头馆、数据库商、代理商有过许多回合业务沟通与交流，或通过邮件、或通过电话、或通过即时通信工具（QQ、微信）等，会议期间——会面，彼此相谈甚欢，或许是因为彼此均那么"敬岗爱业"。会议内容很丰富，白天日程安排紧凑，但晚上的时间均是可以自由支配的。有四天晚上到玄武湖畔散步，每天晚上步行一万多步，最多一天一万七千多步。行走在晚上散步的人群中，赏着玄武湖夜景，不时与亲人、师友通个电话，心情愉悦，神清气爽。拜会师长和朋友方面，要找个彼此合适的时间并不容易，略有遗憾，但也算收获满满。

延伸阅读：

1. 数字资源与知识服务研讨会暨 CALIS 第十五届引进数据库培训周会议网站

http：//www. lib. seu. edu. cn/conf15/.

2. 会议 PPT

http：//www. lib. seu. edu. cn/conf15/hyzl/ppt. html.

3. CALIS 第十五届引进数据库培训周简报（5 月 16 日）

http：//www. lib. seu. edu. cn/html/list. htm？parent_ id＝3&this_ id＝－1&id＝2399.

2017 年 5 月 16 日上午，由中国高等教育文献保障系统（CALIS）管理中心及高校图书馆数字资源采购联盟（DRAA）理事会联合主办，东南大学图书馆承办的"数字资源与知识服务研讨会暨 CALIS 第十五届引进数据库培训周"在南京东南大学隆重开幕。出席本次会议的有东南大学和 CALIS 管理中心的有关领导、DRAA 理事会成员、中国科学院文献情报中心的专家、成员馆的领导、来自全国的高校图书馆代表和全球数据出版商、代理商等 650 多位代表。

注：简报中有报告内容简介。

4. CALIS 第十五届引进数据库培训周简报（5 月 17 日）

http：//www. lib. seu. edu. cn/html/list. htm？parent_ id＝3&this_ id＝－1&id＝2400.

注：简报中有报告内容简介。

5. 数字资源开放获取研讨会概述

http：//blog. sciencenet. cn/blog－213646－891225. html.

2015年5月12日~5月13日，中国高等教育文献保障系统（CALIS）管理中心及高校图书馆数字资源采购联盟（DRAA）理事会联合主办，上海交通大学图书馆承办，主题为"数字资源开放获取服务研讨会暨CALIS第十三届国外引进数据库培训周"的会议在上海交通大学召开。出席本次会议的有CALIS管理中心有关领导、DRAA理事会成员及成员馆的领导和专家、来自全国的高校图书馆代表和全球数据出版商共540多位代表。

（2017-5-26）

闲话高校图书馆有偿服务

出于种种原因，关于高校图书馆有偿服务属于比较隐晦。近年来，不少高校图书馆遵循最省力法则，或者抱着"多一事不如少一事"的态度，"有偿服务"项目是真没有或几乎没有。同时，也存在少量高校图书馆有偿服务开展得有声有色，但多低调得很，有闷声发点小财的意味。此外，有部分高校还或多或少存在一些有偿服务项目（多为不盈利）。

2009年沈坤曾对我国"211高校"图书馆有偿服务项目进行调查，将高校图书馆的有偿服务收费项目归纳为4个层次[38]：知识信息服务（科技查新、二次文献服务等）；代理型知识信息服务（代查、代检、代译等）；普通知识信息产品服务（文献传递、馆际互借和检索服务等）；基础服务（上网费用、打印和复印等）。上述归纳是比较系统的，但不见得全面。据本人的了解，有的高校图书馆具备研发能力，开发的应用软件提供有偿服务；有的高校图书馆有资源优势，开展有偿的社会化服务；有的高校图书馆电子阅览室等开展有偿服务……"图书馆基础服务不应收费，但增值服务收费合情合理"可以说是共识，但如何做到合理合法、恰到好处则是"高雅艺术"。

笔者作为有着近20年高校图书馆经历的图书馆员，对有偿服务多少有一些观察与思考，甚至一定程度上可以说是亲历者、见证者。当前所在馆的有偿服务，只有科技查新和查收/查引服务。查收/查引服务是委托其他馆做的，完全属于代收费性质。科技查新服务属于挂靠，一定程度上也属于代收费（一定比例返还给图书馆）。

笔者曾作为图书馆技术部负责人，对电子阅览室的有偿服务有所了解。2000 年 9 月 4 日建成的电子阅览室（30 座），主要是为配套"清华大学光盘镜像站"供广大读者免费查询学术资料的。考虑到控制读者人流和若干零星配件损耗，头两个月在实际运行中，所在馆试行了上机收费制度（每小时 1.50 元）。9 月 25 日到 11 月 23 日，共收人民币 8070 元。电子阅览室于 2000 年 9 月 4 日建成，30 台，直至 2001 年 11 月；2001 年 11 月至 2002 年 4 月 29 日，扩为 60 台；2002 年 4 月 30 日扩为 110 台，并启用金盘电子阅览室管理系统（豪华版），分为宽带网、教育网两个机房；2003 年 6 月 1 日至 2014 年 10 月 159 台，分为三个机房。（注：2002 年 9 月另一校区并入，该校区原为一所专科学校，电子阅览室 78 台，因未使用同一管理系统，本文未将其列入统计范围。）

关于电子阅览室的运营有一组统计数据，统计时间为 2003 年 1 月 1 日至 2003 年 12 月 31 日。详细收支统计：上机人次，190344 人次；上机时数，301111.8 时；上机收费，300303.08 元；日均 1092.01 元（除寒暑假 90 天）。其中 2003 年 5 月份"详细收支统计结果"记载，该月上机为 21060 人次，上机收费 36518.29 元。我的评述为，"一年的发展过程中，我们遇到了重重阻力，面临许多棘手的问题。首要的是沟通问题，上上下下，方方面面的关系要协调好，争取主动，获得支持。跟利益有关的问题是最敏感的问题，也是必须正视的问题，我们要把广大读者的利益放在首位，有理有据地争取各项正当利益""2003 年的实际运行情况表明，我们的电子阅览室是深受读者欢迎的。电子阅览室读者几乎全部为学生，主要因为教师相对有着更为优越的利用图书馆资源的条件，图书馆设有教师研究室、系部办公室有可以上网的电脑、大部分教师家有个人电脑。学生愿意到图书馆电子阅览室是因为电子阅览室有其得天独厚的优势，资源丰富、环境舒适、安全便捷。我们采用成熟的电子阅览室管理系统，未装任何游戏软件，我们经常可以看到读者排队等候上机。管理类与语言类读者使用电子阅览室的热情最高。调查发现，在现有条件下，我们绝大部分读者需要利用电子阅览室上网，一是拥有个人电脑者毕竟是少数；二是电子阅览室有其不可替代的优势，比如 CAJ 浏览器、VIP 浏览器、超星阅读器、Adobe Reader 等软件均事先安装好，可以现场获得老师指导等。此外，利用电子阅览室最多的 11 位同学，除 1 人外，利用图书馆藏书也非常踊跃，高者达到 110 条借阅纪录，进一步向有关单位了解，他们均为品学兼优的学生""图书馆有偿服务一直以来非常敏感。我们要以服务读者为宗旨，不以营利为目的，兼顾投入/产出，适当开展有偿服务。技术日渐成熟而电子阅览室的发展却陷入困境就是有偿服务问题没有解决好。不搞有偿服务，服务时间、服务质量就很难得到保障。现代技术设备的折旧速度是相当快的，有偿服务有利于充分利用设备，有利于发挥其效益。我们有偿服务所得全部上交学校财务处，由校长办公会提出分配方案，60%归学校，40%归图书馆，作为事业发展基金、设备维护费、支付管理员工资（我们电子阅览室管理员雇用了多名临时工）等用途。2003 年，我们用有偿服务所得鼓励科学研究、鼓励职工进修、鼓励职工参加文体活动，鼓励学术交流，取得的成绩是丰硕的，读者对我们的评价也很高。当前，教育产业化，我们要解放思想，实事求是，兼顾社会效益与经济效益，否则电子阅览室的发展无以为继"。后来电子阅览室"式微"了，如今只有一个电子阅览室，40 台左右电脑，提供的是免费服务，或许可以说是一种象征性的存在。

2003 年，笔者认为"正当的有偿服务是必要的、有益的"，今天仍持同样观点。图书馆内部如何实行有效的激励机制？通常采取物质激励与精神激励相结合的办法，在图书馆可支配的经费受限，无法给予更多物质奖励的情况下，精神奖励具有尤为重要的作用。精神激励不仅包括精神奖励、表扬、树立榜样，还包括在馆内建立良好的文化氛围，为工作人员提供发展的机会，使其工作与能力相配合，在工作中赋予更大的自主权，使之获得更高的工作满意度和成就感。只讲发扬精神不甚靠谱，需要与之相适应的物质激励。

延伸阅读：

赵美娣. 也说为什么我们要用付费的 JCR，而不用免费的 CiteScore.

http：//blog. sciencenet. cn/blog-69474-1062339. html.

"如果大家要评职称、报项目，都要找他们开一个 JCR 影响因子、他引证明，动不动 5000 元就没有了。如果学校有一天说报项目不再需要 JCR 影响因子了，或者说，教师评职称不需要 JCR 影响因子证明了，图书馆人员不知道要减少多少经济来源。"（引用喻海良观点，原文见：http：//blog. sci-encenet. cn/blog-117889-1061908. html）"自从数据库有了网络版并向全校用户开放后，我就一直觉得类似论文被数据库收录和引用的情况要图书馆来开证明是毫无意义的，既浪费了教师的经费也无谓增加了图书馆人的工作量。因为数据库是人人都能检索的，这个数据教师自己完全可以去查。问题是，教师参加那些评奖、升职、报项目等事项的时候，相关部门却不相信教师自己检索的数据，一定要看图书馆出具的证明。网络数据库与以前用的专线连接的 DIALOG 系统不同，完全没必要通过图书馆这个中介了，需要证明其实是相关部门对教师检索提供的数据不信任，又不愿意自己去做抽查核对工作，便把图书馆推出来了。至于收费，要说因为教师出了这些检索的钱而增加了图书馆人的收入，则更是想当然的事情了。以我们学校为例，因为图书馆有这些服务性的收入，学校每年发年终奖的时候便要给图书馆打一个大大的折扣，说是图书馆自己有创收。而据我所知，有兄弟院校图书馆把所有收入上交学校，年终奖完全与机关相同，图书馆老师拿到的钱远远超过我们。我们也想学样儿呢，可学校不同意。所以实际上图书馆这种收费更像是学校通过图书馆从教师的口袋里把钱掏出来，但这钱与图书馆人的收入并无必然联系，甚至可能恰恰相反。图书馆的传统应该是提供免费的服务，比如教师自己检索相关数据有不清楚不会的，来咨询图书馆的老师，我们提供相关培训和帮助，老师们一定对图书馆感激有加，但你一旦收费了，再好的服务教师都未必领情。"

（2017-6-30）

图书馆学家钱亚新先生的"永垂不朽"

永垂不朽，指光辉的事迹和伟大的精神永远流传。对于很多人，这只是美好的愿望或祝愿。然而，图书馆学家钱亚新先生则真真切切地告诉了人们何为永垂不朽。

钱亚新（1903—1990）是我国著名的图书馆学家、目录学家。钱亚新先生从 1925 年步入图书馆学领域起，至 1990 年 1 月逝世止，在图书馆学、目录学、索引法等诸多学科领域从事学术研究、教学、管理和具体工作实践凡 66 个年头。其中，在南京图书馆工作的时间长达 40 年。1928 年毕业于武昌华中大学文华图书科（武昌文华图书馆学专业学校的前身），先后在广州中山大学图书馆、上海交通大学图书馆工作，1930 年钱亚新先生回母校任教并兼任《武昌文华图书馆学专科学校季刊》主编，后又在上海大夏大学、天津河北女子师范学院、湖南大学、苏州社会教育学院从事图书馆工作和教育工作，1950 年调到南京图书馆工作，直到逝世。他数十年如一日，对事业无限忠诚，致力于我国图书馆事业建设和图书馆学、目录学学术研究，发表论著 190 多种，计 200 多万字，涉及图书馆学、目录学、索引学、校勘学和图书情报教育等诸多方面。

钱亚新先生到图书馆最早干的是外文期刊，以后从事分类、编目和索引研究，一边工作，一边针对工作中的问题加以研究，撰写文章，总结经验，指导工作，以后又专门从事图书馆学教育。钱亚新先生热爱图书馆事业，有强烈的事业心和甘于清苦的奉献精神，数十年如一日，致力于图书馆事业，致力于图书馆学教育和人才培养，致力于图书馆学目录学研究，给学术宝库留下了丰厚的著作成果，备受学术界推崇，为后学所景仰。

钱亚新先生认为"著述不是个人财富，而是社会积累，不过由某人整理而已"。钱亚新先生完成了《杜定友遗稿文选》（《江苏图书馆学报》专辑，1987），又与白国应先生合编《杜定友图书馆学论文选集》（书目文献出版社，1988），为研究杜定友提供了宝贵的文献，也为我们在尊师重教方面做了表率。张厚生先生等完成了《钱亚新集》（江苏教育出版社，1991）、《钱亚新文集》（南京大学出版社，2007）。谢欢先生完成了《钱亚新别集》（南京大学出版社，2013）。纪念与传承相沿相袭，弥足珍贵。

钱亚新先生的纪念与传承，可以说是近 100 年来中国图书馆学教育史（1920—）上最为出色的。其一，归功于钱亚新先生自身的史料意识。钱亚新先生一生敬惜字纸，几乎精心保存了自己一生中全部的文字作品！除此之外，还保存了大量照片史料及其他相关重要史料（学术通信、诗歌随笔等）。我有幸见识了钱亚新先生保存的多份湖南大学图书馆工作报告（1937—1940 年），1938 年 4 月湖南大学图书馆遭日军飞机狂轰滥炸，那些工作报告的作者很有可能是钱先生自己，其时其身份为该馆主任。1933 年春至 1937 年，钱亚新先生为天津河北女子师范学院图书馆主任，"七七"事变，学校图书馆毁于日机炸弹，形势险峻，被迫离津。在这样的历史条件下，竟能妥善保存至今！其二，归功于钱亚新先生的亲属，钱亚新先生的夫人吴志勤，以及他们的儿子钱亮、钱唐，为钱亚新先生的纪念与传承尽心尽力。其三，归功于受其或直接或间接影响的一批后学先进。比如张厚生、谢欢等。钱亚新先生逝世后的 18 年，张厚生先生为钱亚新先生的纪念与传承做了大量工作，其工作基础为钱亚新先生留存的手稿（学术性为主），2008 年张厚生先生逝世之前将手稿委托弟子苏小波保存。2013 年，

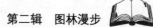

谢欢整理出版了 52 万字的《钱亚新别集》[39]，工作基础为钱亮（钱亚新先生长子）留存下来的另一部分手稿（诗歌、随笔等），其时谢欢的身份尚为南京大学图书馆学在读研究生，如今谢欢已博士毕业并成为南京大学信息管理学院教师，将为钱亚新先生的纪念与传承做更多工作。

（2017-7-21）

图书馆员专业阅读该读什么？

本文所指的图书馆员，指图书馆从业人员。我国图书馆员队伍的构成很复杂，经过图书馆学专业教育或系统培训的人员比例并不高。随着数字化、网络化时代的到来，传统的图书馆学教育面临着严峻的挑战，正在经历着深刻的变革[40]。图书馆发展的驱动力源于用户需求及技术进步，图书馆正在从以物理馆舍和印本文献为特征的传统图书馆，走向以网络和知识服务为标志的新型图书馆。关于图书馆员专业阅读该读什么？是一个有一定关注度的问题，但同时是一个不易回答的问题。

前一阵，圕人堂有成员提出希望阅读业务培训方面图书。图谋做了两个辑录，全国基层文化队伍培训教材辑录（http://blog.sciencenet.cn/blog-213646-1065356.html）和21世纪图书馆学丛书辑录（http://blog.sciencenet.cn/blog-213646-1065358.html）。此外，因有成员提出希望阅读电子书，图谋在群文件中分享了自身的4本电子书，是找人帮忙弄来的，几乎是在第一时间上传群文件。类似的微行动、微努力，多多益善。

关于馆员阅读的话题，相关研究与实践有不少，推荐一篇相关文献——杨俊丽《高校图书馆员专业阅读现状的调查与分析》[41]，这篇文献是针对高校图书馆员的，对其他类型图书馆员亦有一定参考价值。针对不同类型馆员的推荐阅读书目，印象中也有，有的是针对面比较广的，有的是针对具体某馆的。此外，还有不少馆搞过"图书馆员应知应会"活动。

图谋若干年前曾在山东师范大学图书馆《图书馆员应知应会知识问答》基础上编撰过《应知应会图书馆知识简明问答》（http：//blog. sciencenet. cn/blog-213646-346597. html）。

关于馆员专业阅读相关电子书的分享。当前，关于信息的分享，作为"群主"的角度，知识产权方面的"度"很难把握。基于此，一方面，圕人堂特别期待成员分享原创内容；另一方面，希望圕人堂成员合理使用有关资料（比如仅供个人学习使用，勿公开传播等）。关于图书电子书的分享，因为我自身也出过几本书，加上做数字资源采访工作（与数据库商打交道），我知道这块是很容易构成侵权的。比如过去作者与出版商签订的出版合同"许可使用的权限"有效期一般为 5 年，后来改成 10 年。也就是作者在合同有效期内，也不是完整的知识产权拥有人。假如作者提供公开获取，那就侵犯了出版商的利益。

出于种种原因，关于"图书馆实务"方面的图书越来越少。其中一个原因是，图书馆业务随着图书馆业态的变化在频繁地"转型升级"，传统的较为常见的业务（比如编目、流通等）受到了强烈冲击。另有一些对知识与技能有特殊要求的业务，格外小众化，比如图书修复（尤其是古籍修复）。当前，图书馆之间的不少业务几乎是各行其是，"对话"或"对口交流"比较困难，从频繁重组的馆内机构设置可见一斑。基于上述实际，关于图书馆实务方面的学习，更多地需要结合实际，从实际出发，选择性地学习。其中有些问题，现有的文献亦提供了"参考答案"，亦可关注与参考。

（2017-7-13）

关于高校图书馆管理与服务的建议

近期，结合自己的学习与思考对高校图书馆提了数条建议，原本均是"应要求"提的，貌似泛泛而谈，实则下了点功夫。稍事梳理，或许有一定参考价值。

针对具体某馆提了6条，有一定的体系性[41]。

①明晰办馆理念，凝心聚力。服务立馆，技术强馆，内塑内涵，外塑形象。

②强化图书馆组织机构建设，明晰业务机构职责，提高运行效率。一个组织的内部机构和业务体系建设是顺利实现组织目标和计划的可靠保证。在遇到一些需要跨部门协作完成的任务时，往往受本位主义等观念的影响，在人员调动、相互支援和协作等方面发生困难，不利于整体目标的实现。

③强化宏观管理，进一步发挥馆务委员会及学术委员会的作用。馆务委员会由领导班子成员、中层干部等组成。其职能是制定图书馆的建设与发展规划，监督各部门完成工作情况，检查图书馆业务工作实施的规范化、标准化情况；根据读者对图书馆工作的意见和要求，制定具体的改进措施。学术委员会由分散在各个部门的学术水平较高的人员组成，开展专业学术活动，组织馆内业务交流、培训与指导，促进图书馆学术研究交流环境的形成，发挥对图书馆学术研究工作的咨询及参谋作用。

④图书馆内部实行有效的激励机制，进一步做好评优评先工作。采取

物质激励与精神激励相结合的办法，在图书馆可支配经费受限，无法给予更多物质奖励的情况下，精神奖励具有尤为重要的作用。精神激励不仅包括精神奖励、表扬、树立榜样，还包括在馆内建立良好的文化氛围，为工作人员提供发展的机会，使其工作与能力相配合，在工作中赋予更大的自主权，使之获得更高的工作满意度和成就感。

⑤重视图书馆员的继续教育，提升图书馆员的职业能力。馆员是搞好读者服务工作最具有活力的因素，馆员素质是决定读者服务水平与质量的关键。学习能力的培养、创新能力的建设、信息技术能力的造就，都是为了提高馆员的服务能力。从整体上讲，图书馆要有一支梯次衔接、专业配套、结构合理、富有生机的专业人员队伍。建议从开展馆内业务讲座做起。

⑥探索"学生馆员"队伍建设，进一步发挥读者协会、勤工助学学生及其他志愿者的作用，有业务辅导或培训，探索相适应的激励机制。图书馆的发展不仅要依凭内部资源，如文献资源、馆员资源、设施资源等，还要依凭外部资源，如读者资源等[43]，"学生馆员"是天然的读者资源，值得积极开发与利用。

此外，有高校图书馆同行给我分享了其所在馆制作的图书馆服务报告让我提意见。该报告通过调取图书馆各类业务系统中有关统计数据，进行调查与分析，对图书馆方方面面的工作进行了数字化展示。我认为做得很好！做的工作很扎实，很有现实意义。虽然在数据的完整性、关联度、可信度、有效性等方面难免存在些问题，但要做到这个状态，其实并不容易，并非一日之功，要胸怀全局，有较强的事业心、责任心。我的建议是：将涉及读者隐私的问题进一步处理一下，方便在校内进一步传播，比如主管校长、分管教学的二级学院院长等均可以是目标受众，甚至适当时机可以选择在校内公开传播。这样，可以让所做的工作更有价值。主要有两方面原因。一方面，不少高校图书馆长期以来对自己的工作内容宣传不够，同一所大学的成员有很多对图书馆工作了解不多，或者说不全面，大家不了解图书馆为所在高校的顺利运转和成长壮大做出了哪些贡献，所以在对待图书馆的态度上难免就会出现"在文件上重要，实际上不重要；评估时重要，平时不重要"的状况。高校图书馆注重外部关系，可以让同一高校的其他成员了解图书馆的资源、服务，这既可以增加图书馆的影响，也可以让图书馆得到更多的关注和财力、人力保障[44]。另一方面，出于种种原因，在高校图书馆内部，不同程度存在因人设岗、人浮于事、忙闲不均的状况，不同部门、不同岗位工作内容缺乏有效沟通，高校图书馆"内部关系"亦有待改善。

（2017-7-14）

第三辑

闲情偶记

——学习、工作、生活等方面的随笔

赠书心情

每一本书出版之后，我都会尽可能及时赠送一些。最近这一本也不例外，但心情有所不同。

出版社责任编辑告知拙作（王启云著，图书馆学散论——科学网图谋博客精粹，知识产权出版社，2015）样书 50 册发出。我立即对 50 册书的去向进行"规划"。列了份清单，部分赠书对象需要确定通信地址。"为书找人"的工作不轻松，赠书对象大致是师长、朋友、亲戚，选择的基本原则是对方可能会开心的或者对对方有一定帮助的，可以说是基于感恩与感谢。

为了兼顾节约与效率，我选择邮寄印刷品及快递两种方式，可以邮寄的尽可能邮寄。因为邮寄的成本是 3.3 元（0.5 元信封+2.8 元邮费），快递的费用，我选的一家是省内 6 元，外省 10 元为主（有的要 12 元甚至更多）。书本身以作者身份去买，也需要近 40 元一本。累计起来于我是一笔开支。

我出版的数本书归属学术图书范畴。据任翔先生《海外学术图书出版面临三方面挑战》[45]："从全球范围看，学术图书出版处于转型的十字路口。传统出版模式面临 3 方面严峻挑战：图书馆等机构市场购买力不足，读者对学术图书的阅读需求减少，以及学术图书的传播价值日益受到质疑。""据统计，目前英文学术图书的平均印数（包括电子书销量）已经下滑到了 200~300 册。""学术图书市场已成为名副其实的'读方'市场——写的人越来越多，读的人越来越少。这一市场变迁正在影响和改变学术图书出版的商业模式与运营规则。"上述言论堪称真知灼见，其中滋味，可谓感同身受。

有人曾向我打听我的书是怎么卖的？其实我算比较幸运，我出版的数本书，我自身从未卖过书，赠了一些、买了一些。也就是我自身不用操心销售的事情，出版社方面做主。有人曾向我索书，甚至以机构名义索书，一下子要若干本，其实自身从未想过向机构赠书（自身所在机构除外）。也许有人以为是白云出版的《月子》，可以随便取用。然而，对于我来说，其实我也不那么宽裕。我只是一名普普通通的图书馆员，我的出版费用及赠书费用，可以说是自身的脑力与体力付出，加上各方支持与提携所得来的，可谓来之不易。

对待赠书这事，我算是比较认真的，也有一些经验了。出版社之前发物流发错书，重发的在一个周六上午 10 点收到，收到之后立即寄送。因为字太丑，原来纠结半天是否签名，上午原打算签名就免了盖个印，收到书之后，发现书是带塑封的，干脆不拆。这省了不少工夫，就是觉得有点对不住大家。由于前期已买好信封并写好通信信息，快递也事先联系了，因此比较顺畅，花了大约一个半小时办妥。办妥之后，还向可能需要提醒的赠书对象提醒留意查收，尽可能地避免寄丢，曾经为一本书寄过 4 次才寄达（邮局+快递）。办妥之后，感觉如释重负。因为上周我索要通信地址时，告知人家是本周寄出。经历了一点小波折，赶上了"本周六"，算是言行一致了。

赠书这事是需要勇气的。我的勇气多半源于"无知无畏"。我的第一本书，我视之我做的第一只小板凳，我在努力越做越好。实际上，确实是每做一只均有进步。

自 2005 年 1 月 28 日开始写博客，已有 11 年多，期间未曾中断。有的人瞧不起"博文"，我出"博客书"出了三次，据个人的观察与判断是"有点意义的"，我做不来"大事"，就努力做点"小事"，因此我选择了坚持。读秀平台上的收藏馆数可以作为一个观测点，第1本（2011年12月出版）有180家，第2本（2013年8月出版）有124家，第3本我期待有更多，因为第3本是尤为用心的，个人用心、出版社方（包括责任编辑、审稿与校对人员）也非常用心，自认为此次这本，从内容到图书版式，乃至所用的纸张，均较上一本有所进步。第二个观测点是我自身收藏近千册图书情报专业图书，以购买的为主，也有师友赠送的，我的收藏是为了使用，以我有限的学力、目力，我认为我所做的非主流工作，时间或将证明是有益的补充。

　　我希望赠书对象收到书之后，是愉悦的；如蒙不吝教正，荣幸之至。给予我帮助与支持的人有许多，我难以做到一一赠送，不周之处，尚祈谅解。

（2016-3-19）

意外

临下班的时候，接了个电话，是个大四女生打来的，咨询中国知网下载问题。

很少接到学生用手机打来的咨询电话，女生有几分拘谨，同时感受到需求比较迫切。说是要做毕业论文，到中国知网找论文需要账号，询问这是怎么回事，该怎么办？

我告知中国知网在校园网 IP 范围内使用不需要账号。同时也颇体谅，甚至有几分同情学生。因为我知道学生在宿舍根本上不了校园网，学校可供学生上校园网的场所亦非常有限，且条件有限（比如电脑性能欠佳）。

正巧 9 月底开通了移动图书馆，全校师生可以随时随地通过接入网络的手机、平板电脑等移动终端享用移动图书馆带来的便捷体验，通过移动图书馆，实现了传统与数字服务的集成，对馆内外各类文献进行了全面整合，在移动终端上实现了资源的一站式检索、导航和全文获取服务。中文资源可以很好地满足（外文资源尚不甚理想）。如果学校代理服务器性能予以保障，这个服务将很实用。我进行了体检性体验之后，第一时间在图书馆网站发信息，同时通过办公网向全体教职工推送，并在学科服务群、读者协会群介绍其好处及其使用方法。通过移动图书馆，可以进行图书馆馆藏图书查询、预约、续借等服务；在线阅读查询 200 万册电子图书，可下载图书超 100 万册；在线检索阅读超 2 亿篇中、外文期刊论文文献；浏览 500 余种当日报纸；订阅各类热门杂志、收听有声读物、观看学术视频；使用文献传递到邮箱功能轻松获取我校未购买的文献资源；个性化订阅让用户的个人阅读空间无限延伸。首次使用客户端需要输入图书馆借阅系统的卡号和密码。我很自然地想到将移动图书馆介绍给那位学生，并告诉她毕业以后也能用。

从交谈中，她告诉我已经注意到图书馆网站上移动图书馆开通的通知。但令我意外的是，那位学生问我：手机上下载了还要导到电脑上吗？更意外的是，她强调她是大四学生，说大一学生才有借书证。我说其实校园卡集成了借书证功能，如果密码忘记了可以按通知上的信息咨询一下有关老师。电话中，她回了一句："太麻烦了。"挂了电话。

那位学生看来很可能是三年时间从未利用过图书馆，我不知道这样的学生究竟有多少。仅仅是中国知网这一种数字资源，其投入假如按在校学生数平均一下大约为人均20元/年。2015年图书馆资源（纸质+数字）投入假如按在校学生平均大约为150元，虽然我们的投入力度在同等规模同等办学层次中是偏低的，且那种算法过于简单，但这样一"数字化"有利于看到是真花了钱。如果学生不加以利用，是自身吃了亏。

另外，说明了"用户教育"的缺位。所在学校"信息检索与利用"通识教育核心选修课因为选的人少，开不了课，已有数年。从每年的职称论文检索，与教师打交道的情况来看，不少教师对常用数字资源很陌生。图书馆方面，熟悉图书馆资源的馆员似乎越来越少了，数字资源利用讲座越来越难吸引用户来听了……我是多么希望此类"意外"，只是"例外"。

（2015-10-9）

学术滋味

　　所在学校 1 月 10 日放假，随后两星期进行了较高强度学术活动，算是尝了尝学术滋味。大体如下：（1）连续 11 天，完成一篇稿子的撰写与投稿。这 11 天真是日夜兼程，已经很多年没有这样"卖命"了。（2）沟通一部书稿后期事宜，原以为审校工作 2015 年 10 月就结束了，没料到问题还不少。（3）作为合作者，沟通一篇已录用论文的校样修改问题，我从来没有见过如此复杂的。（4）圕人堂相关事务，比如近两期周讯的发布及推进获取赞助。此外还有一些与学术相关的交流。

　　计划不如变化快。1 月 22 日小孩感冒发烧，幼儿园的休业式参加不了，接下来两天夜里高烧，反反复复。今天上午是小孩参加的一个兴趣班搞的音乐会彩排，零下 15 度的天气，花了大约 1 个半小时完成彩排。安排的是第一个节目，大约一分钟结束，结束之后匆匆带到社区医院。医生检查之后，说是用药方法可取，控制住了。我和妻子还是不放心，抽血化验之后，医生说没问题，将小孩带回家。今日是个人遇到的最寒冷天气，当年在天津上学，印象中最低气温也就零下 13 度。下午的汇报表演，13：50 就得去，表演 15：50 开始，完全结束要到 17：00 左右。我不大想让小孩去"受罪"，小孩还特别愿意去。我很庆幸前些日子抓节奏抓得比较好。近 3 天这样的状态是不适合做事的，尤其是不适合"做学问"。孩子正式表演前我得到场。

162

百度百科中将"学术"定义为："系统专门的学问，泛指高等教育和研究，是对存在物及其规律的学科化。"今天的我来看学术，包含"学"和"术"。"学"指的是"学习"，因为与学术搭配在一起，主要指的是探究型学习，也就是得有一定内涵：是立体的学习，要追本溯源，也要眼观六路，耳听八方。"术"指的是方法和工具，同样因为与学术搭档，方法和工具一方面靠学，一方面靠造（深入学习）。

　　小时候，常听到故乡的长辈说的一句话是："学不完的打，读不完的书。""打"在故乡是指"武"，学打的意思是学武，打师的意思是武师。过去光耀门楣的两种途径——崇文尚武。乡间百姓的感悟，智慧的结晶。说那句话的人，一位是 1922 年出生的人（注：通过查家谱查到其出生年），据家父讲，他是享受过家族学田供养读书的，高小毕业，在那个年代的乡村算是文化水平相当高的，另一位可能 1923 年出生的，是真的学过"打"。我不知道他们常说那句话有何深意，但我当前有种认同就是：这山望着那山高，学无止境。

　　近期有同行问我：图书馆学的前沿是什么？如何跟上前沿？他问我的本意是如何找论文选题。我告诉他我自己的感受。不要管前沿不前沿，要结合自己的兴趣、环境、经历与精力找选题，这样会更有收获。中国的图书馆员盛产论文；我浏览美国图书情报期刊文献，似乎很少是图书馆员写的。中国的图书情报文献很大比例是介绍英美图书馆及图书情报教育的。美国同行告诉我从升职角度看，在美国写文章其实是很赚便宜的，因为图书馆基本没人写东西。我问美国的学科馆员对做研究没有要求么？美国同行告知有三个办法：各类专业组织活动，校内（图书馆之外）的委员会活动，创造性活动（也就是写文章，很少人选择，因为最为辛苦）。交流中还获悉美国的图书馆员很少人看 LIS 期刊文献，一般是馆领导看。中国的馆领导层很少看图书情报专业期刊的，因为他们多半是"路过"，本身对图书情报专业及图书馆工作没多少感情。如果不是为了"制造"论文，读图书情报专业期刊文献的似乎不多见。当前真正要做前沿研究，非常不容易，通常要求英语读写译能力达到一定水平，受过科学研究方法训练，能熟练运用一种或数种研究方法及研究工具，此外还得有研究与实践平台，甚至还得有发表平台才成。时下，许多"前沿"，其实只是"前言"没有"后语"。如果总想着跟"前沿"，很容易"迷踪"。

过去的"读书人"多追求"一举成名"，加官晋爵，封妻荫子……今天的"读书人"，暂且不说"读书人"似乎需要重新定义，不知道有没有追求？如果有，追求什么？如果说追求"学术"，似乎不大靠谱，原因之一是学术评价原本与学术批评、学术争鸣等密切相关，当前的学术评价似乎迷路了？老派的或传统的追求学术之人，似乎越来越稀缺了。

作为我自己，不管算不算"读书人"，或许可以算想做品尝学术滋味的人。

（2016-1-24）

晒书往事

或许，我可以算得上是一个喜欢读书人的。我生长在遥远的小山村，小时候就喜欢上读书，一定程度上也是受家庭环境的影响。

1980 年代的乡村读书人并不多，书也难得一见。街上供销社有几个卖书的柜台，卖的是《新华词典》之类。农贸市场中心，有位老人出租小人书，印象中大多是破旧的，可见利用率之高。我父亲是乡村中小学教师，我 1981 年上小学，也是在这一年父亲从中学调至中心小学任教导主任。我上小学的几年（1981—1986 年）可能属于中心小学的"鼎盛"时期，主体在国宝公祠里边，附近还扩建了，有一千多学生。父亲是 1962 年高中毕业的，1956—1962 年在县城上的初中和小学，那个年代有机会读书的人少，父亲高中毕业时全县是 36 人参加高考（考点设在崇仁县，三个县考生一起考），当年全县没有考上大学的，由于国家经历困难时期，关停了不少高校。父亲毕业后，开始做老师，叫"顶编代课"，一种介于"民办老师"与"公办老师"之间的角色，工资要比"公办老师"少一些，这种身份持续了很多年。我母亲不识字，但属于典型的"敬惜字纸"。家里的住房非常紧张，但是还是有一些书的，大多是放在木板楼上的篓子里，每年逢阳光好的时候会从楼上搬下来晒，我是"小工"，需要做些辅助工作，比如帮在晒篮里展开，搬个凳子在一旁看护。晒好了之后，帮收拢，搬回。

晒的书，具体是些什么，我记不起来了。政治类的比重不少，还有父

165

亲自己上中小学时用的课本等，没有小人书，估计一共有几百册。那时，我识字不多，但会翻看。晒书的位置是在家门口空地，来往经过的人还比较多，我已能感受到路人的羡慕嫉妒恨交织的复杂情绪。路人包括大人和小孩，基本是没读过书，或读书很少的。与我同龄的小孩，有较大比例是家里没让去读书的。

晒书期间，偶尔有人驻足观看，但很少动手的。也许里边也有几分"敬畏"，还有几分是因为气味并不好，还有灰尘、霉斑。记得晒的书中，有几本是毛边本，有火烧过的痕迹，据说是"老教材"，可能是中华人民共和国成立前的，"文化大革命"期间的"残本"。印象中上边的字很好，有"李杜诗篇万口传，至今已觉不新鲜"这首诗。偶尔，还会收获几句赞美，比如"这么小就识字，啧啧啧……"之类。

我父亲有机会读书，并且爱读书。也许部分原因受我奶奶的影响。奶奶的父亲是永丰县秀才（据说是 40 岁考上的），之后做生意发达了。奶奶很早嫁人，她的前夫是"乡政府文员"，20 世纪 30 年代，前夫及其父亲和兄弟成了烈士。奶奶是小脚女人，步行 30 华里去收尸。据父亲讲，其前夫临终前交代奶奶今后千万要嫁穷苦人家。奶奶是通过其伯母的介绍嫁给我的爷爷，其伯母的前夫也是烈士，先嫁到我所在的大湖坪村。爷爷的父亲倒也是读书人（"国学"），爷爷 13 岁的时候差点被卖掉，封建社会卖儿子要做酒，据说酒都做了，爷爷坚决不从。爷爷是家里的小儿子（老三），还患有佝偻病，有个外号叫"石仔驼背"，老大和老二身材高大（老二曾做过农会主席，被杀害，曾被认定为烈士，后来给疏漏了）。爷爷做夏布生意，自己的技术好，后来还发展至一定规模，与奶奶的父亲扶持密切相关。父亲 8 岁的时候（1950 年）去过其外公家，据说很"排场"，穿着光鲜，还是坐着轿子去的。父亲上小学四年级的时候，爷爷曾想让父亲辍学帮记账。爷爷 1960 年就去世了，其时父亲 18 岁，是家里的老大，最小的弟弟 6 岁。

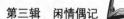

1962 年高考时，父亲属于特别困难的，原本是打算放弃的，经同学们集资帮助才得以参加。父亲毕业后，曾有两次上大学的机会，因家庭原因放弃了。

我有机会读书，离不开父亲、母亲的鼎力支持。有段时光是相当艰苦的，我的大哥和我都是通过复读上的大学，跳出了"农门"。对于"读书"这事，直至今天，父亲、母亲仍在想方设法帮助我，赐给我尽可能多的读书时光。令我不安的是：年逾不惑了，事务缠身扰，虽知读书好，偏却读书少。

（2016-4-27）

闲话签名赠书

有同行出版了第一本书，向我咨询该如何签名赠书？我没太在意，几乎是避而不答。因为我觉得这里边的学问大，大的方面答不了，小的方面不必答。及至收到该同行赠书，浏览了其签名，我觉得有必要闲话几句，"友情提醒"一下。

关于作者签名，通常有三要素：赠书对象的名字、作者名字、赠书时间。此外，可以展示才艺，比如徐雁的签名，有的引经据典，有的即兴创作，且书法了得。从图书收藏角度，作者签名会给图书带来附加价值。它记录作者与赠书者之间的社会交往等。对于批量赠书的签名，个人建议是，区别对待。有的要求签名，可以签一下。没有主动提出的可以不签。因为有的人喜欢，有的人不喜欢。签过名的书，假如拿去转赠他人或轻易处理，通常是不合适的。签名这事有讲究，要考虑对方高不高兴。对于比较敬重的人，需要主动签名，也算是礼仪。量比较大，签名需要费些时间的。寄出的时候还需要一一对应，不能出差错。对方要求签名，更多时候是出于礼貌。

我对签名赠书这事，略有关注。我有幸接触过数位师长的藏书，比如在人家的书房住过，或用过人家的办公室，他们的藏书中有一定比例是作者签名赠书。我对张厚生先生的藏书是比较了解的，张先生生前，我曾经在他的书房住过几次，张先生走后，受张先生夫人的委托，我曾较为系统地对张先生藏书进行了解。张先生的藏书中，有一定比例是图书情报领域知名学者的签名赠书，比如钱亚新、张琪玉、彭斐章，等。我还曾参观过南京图书馆的一个特藏展，展示了巴金、郭沫若等名人的签名赠书。

　　友人的 QQ 空间，曾展示过徐雁先生赠给他的十多种藏书，每本的风格均不一样，题写的内容也不同，令我艳羡不已。后来，徐雁先生受邀到我所在市的图书馆学会年会做报告，我还特地带上自己收藏的两本书，约请徐雁先生签名。那是我首次像"追星族"那样追签名。

　　我从 2009 年出版第一本书，赠出了 400 多本，其中估计近 300 本是签名赠书。真是无知者无畏。我的字奇丑，但我很诚恳。我赠书的动机大致是基于"为人找书，为书找人"。该书成书的过程中，也确实得到过许多师友的帮助与支持。这本书在 2012 年修订再版了，据说是印了 3000 册，目前读秀平台上显示有 300 多家图书馆收藏。那本书是我的第一只"小板凳"，有这样的"成绩"，或许得益于大家对我的鼓励，与自己当初稚嫩的、冒昧的签名赠书之举有几分联系。

　　自出版第一本书之后，我"著"了 3 本、"副主编"了 1 本。每本都赠出若干册，其中部分是"签名本"。越签越心虚：一是我的字，我觉得早就没治了，还是一如既往的丑；二是我的作品，我只能说我是用心的，但水平我自身是有数的，只是期待下一本会更好。另有隐情是，签名赠书这些年，遇到过不少尴尬事。比如，发现过自己的"签名本"在孔夫子旧书网上"待价而沽"，有的"签名本"赠书对象拒收（作为作者，弃之可惜，存之闹心），有的"签名本"有涂改（因为写错名或写错字）。近年，我曾拜托友人制了一方石印，基本是赠书专用，希望借此遮丑。最近出那本书（《图书馆学笔记——科学网图谋博客精粹》），收到样书之后，我第一时间通过邮局寄出赠书 30 余本。原本是打算老老实实签名、盖印的，收到书时发现加了塑封，一本本撕开费时费力，我干脆偷懒了。结果有师友收到书之后，专门打电话问我为什么没有签名？我只好如实回答，心存歉疚。

（2016-4-29）

名人与人名

参加 2016 年南开大学图书馆学实证研究会议，会议期间备受礼遇，于我，可谓受宠若惊。

参加会议的第一天，有位图书馆同行执意要去火车站接我。其实，我外出参加会议多为独来独往，向来不愿意给人添麻烦，再加上并不熟悉，颇为过意不去。见面后，在出租车上聊了一路，大约有 40 分钟。获悉，是因为学生时代老师推荐关注图谋博客，并喜欢上图谋博客，喜欢《图书馆学随笔——图谋博客精粹》，并告知喜欢的理由，同时还告诉我坚持来接我的理由，说是希望借此机会向我学习。

会议第一天的开幕式，我未料到这个近 300 人的学术会议，安排我坐在主席台上。会前答应了作个简短发言，我原以为是较为随意的。圕人堂QQ群有成员将我发言的照片发到群里，还引起了热议，因为我短裤、拖鞋的行头，实在是不合时宜。拖鞋是那种沙滩拖鞋，盛夏穿着比较舒适，加上这段时间好些地方暴雨内涝。短裤是可以避免的，因为行礼中带了长裤。第二天下午的三场主题报告，安排由我主持。为什么有这样的安排？我认为体现的是：大牛对草根的关爱，而且是大牛中的大牛对草根中的草根的特别关爱。进一步的理论解释大概是：牛对草的情谊。由于是第一次担任会议主持人的角色，开场环节的话筒运用遇到点状况。

会议期间有数十位参会人员与我打招呼，有的告诉我是圕人堂QQ群成员，有的告诉我是图谋博客的读者，还有的告诉我读过我出的一本或几本书并觉得有意思。会议期间参观了天津图书馆（位于文化中心的新馆），在转悠的过程中，有位工作人员起身问我，你是不是图谋？我说你怎么知道我？你是圕人堂 QQ 群成员吗？后来的交谈中得知，她认出我：一是因为读者证信息与身份证信息关联，工作电脑上显示我的姓名、照片等信息；二是因为她是《图书馆报》海外馆情专栏作者，读过我的文字，看过我的书。

会议期间，还有参会人员向我打听图谋博客在哪个平台上？图谋博客先后在 E 线图情、博客网、新浪网、博客大巴、科学网等平台上出现过，当前主要"经营"的是科学网图谋博客。"图谋"的含义是"为图书馆学情报学谋，为图书情报事业谋"，我造了一个词"libseeker"，我只是一个图谋（a libseeker），但不是一个人在战斗。"图谋"与"libseeker"相结合有较好的识别度。有老师问我为什么选择科学网博客平台？我告知是当下国内最好的博客平台，因为它更具公益性质，没有乱七八糟的广告。还遇到多次，有人向他人介绍我为图谋时，人家听得一头雾水，解释老半天之后，出于礼貌说回头进一步关注。

会议总结环节，徐建华教授说我是"大咖"，我在台下连连"摇头"，实在惭愧得紧。

图谋是名人吗？狭义的名人指知名人士，杰出的或引人注目的人物，显要人物，如政治人物、科学家等。广义的名人指一定范围内有高知名度的人。我怎么也算不上。论才华，平淡无奇；论相貌，先天种种不足，后天也没修补，行走在大街上，似乎影响市容。在我所在机构，有同事说一提起我的名字（也就是图谋的肉身），很多人根本不知道是"他"还是"她"。

小时候，村子里的人经常会议论几个人物，大地主、大恶霸比如王兆麟、王冬青、王民盘，还有一个人物叫王子春，据说在上海滩混得很好。

论知名度，在所在县内，王兆麟在一时期可谓家喻户晓，但超出这个范围，就籍籍无名了。村中老人只知道王子春在外名头大，但具体如何大也说不上来。我曾留意过县志等地方文献，关于王子春更多的是"传说"。从那阵开始，我明白了名人的相对性，还明白了"坏人"比"好人"更出名。因为，在民国时期，其实村子里还有好多烈士，有的在县志上有记载，但基本上只是一个名字而已，关于他们的事迹却并未流传。

《20世纪思想史》作者彼得·沃森（1943—）在该书序言第一段讲了一个故事。20世纪80年代中期，伦敦《观察家报》派他去采访哈佛大学的W. O. 蒯因（1908—2000），并在蒯因的带领下参观了哈佛大学。时值寒冬，冰雪覆盖，地面太滑，俩人都跌倒了。其时，沃森40岁出头，蒯因快80岁了。沃森说："能和当时世界上仍健在的最伟大哲学家共度几个小时，这对我来说实在是莫大的荣幸。"不过，他后来向他人谈及这次采访时，几乎没有人听说过蒯因这个人，包括《观察家报》的老同事。沃森从那时起就希望以文学的形式撰写《20世纪思想史》，吸引世人注意20世纪的世界名人，因为这些名人的贡献值得大书特书。

名人，无论多有名的人，更多的时候，或者说更基本更普遍的，只是人名。然而，在很多场合，尤其是特定的场合，有那么一些人名，会引发联想，想起他/她的业绩、美貌、财富、品德及其他特有的部分。名人——人名——俗人，幼儿园的时候在意小红花，及至头发白了走不动了在意分果果之外还期待有人"爱你苍老的脸上的皱纹"。"图谋"原本不是人名，自然不是名人。当图谋成为人名，自然就是俗人。"图谋"之旅，感恩相伴相携的所有人！

（2016-7-30）

书读得太少了

假期算是意外收获了十天读书时间。一个人在家，除了值了几天班之外，均是自由支配时间，基本上均用来读点书。

书单主要有《科学发展观与图书馆员快乐指数》（徐建华，2014），《社会研究方法》（［美］艾尔．芭比著 邱泽奇译，2005），《20世纪思想史》（［英］彼得·沃森，2006），《中国图书馆事业百年》（中国图书馆学会编，2004），《中国图书馆百年纪事（1840—2000）》（陈源蒸，2004），《图书馆权利研究》（程焕文，2011），《20世纪西方与中国的图书馆学——基于德尔斐法测评的理论史纲》（范并思，2004），《黄纯元图书馆学情报学论文集》（黄纯元，2001）。

除了第一本是新买的之外，好几本书在我手上超过10年。《社会研究方法》《20世纪思想史》这两本书是2006年我第一次拜见Keven先生时，他在上海图书馆馆内的书店专门买来赠送给我的。十年来，我时不时会翻阅，书翻得比较旧了，于今还仍有许多内容没认真读或者读不下去，也许未来若干年，我将继续阅读。每次读都多少会有些新的收获，而且心存感激，感念Keven先生对我的指引。那年，我正在上研究生，Keven先生告诉我，研究生阶段最为重要的是科学精神的培养与科学研究方法的训练。那两本书很具代表性，很有帮助。我的天资平平，不然，兴许会大有长进。读《黄纯元图书馆学情报学论文集》重点是为了了解芝加哥学派，读《20

世纪西方与中国的图书馆学——基于德尔斐法测评的理论史纲》原本是为了进一步了解芝加哥学派,翻阅之后,对该书采用的研究方法及作者的学术批评能力敬服不已。

当下读书,会有自己的感悟与思考,会多少做点读书笔记,有些内容会不由自主地与作者"商榷",发现错误或存疑处会勾画出来,甚至会进一步查阅相关资料。读书的过程,会发现自己的种种盲区,读得越多越深,盲区越大。有些内容真正要读懂,需要基础,需要毅力,甚至囿于智商与阅历可能永远也懂不了。

我大约是从 2000 年开始"收藏"图书情报领域图书(主要是为稻粱谋),这些年下来逾 1000 册。其实很多书没认真读,但有一个好处就是,往往翻阅过,有一个或深或浅的印象,读到具体的知识点有时会产生"连锁反应",比如在哪哪见过,哪本书讲得更好或者可能会更好,然后就去把其他书"请"出来(有的可能冷落了好些年)。近些年发现,还得跳出图书情报圈子,拓宽视域,收藏范围有所扩大。每次购书时,往往有几分纠结,一方面存放是个问题(家里早就放不下了,办公室放了不少),另一方面许多书可以看数字化版(几乎随时可获取)。个人的情况,喜爱纸质型图书更多一些。

古人云:书到用时方恨少。当前,自己需要用书的地方很多。比如自己做研究写论文的时候,希望自己的理论水平尽可能地高一些,资料占有尽可能地多一些。对于前人或他人已有的研究成果,尽可能更好地继承与发展,甚至希望能够有所突破。近年,自己也出版过几本书,对书出版之后的反响亦有所关注,发现自身有诸多不足,道行太浅。我希望自己的书有更多的读者,且希望读者读了之后是收获的愉悦的,对得起所消耗的种种资源。

书读得太少了,无论是数量还是质量,均有待提升。读书好,读好书,常读常新,常新常读。有机会多读一点,少一点遗憾。

(2016-8-4)

闲话出身

出身指个人早期的经历或由家庭主要收入来源所决定的身份，包含家庭出身、学习经历、工作经历等诸多方面。现实生活中的人们，或主动或被动，时常问出身或被问出身。

我是 1981 年开始上小学的，开学报名的时候需要填表，也就是被问出身。小同学之间开始懵懵懂懂的亮出身或秀出身，比如"贫农""中农""手工业""干部"……"贫农"出身的似乎有一种特别强烈的自豪感，小孩大人均比较神气。其时，我对出身完全没概念，不知道自己的出身如何，也不知道是怎么填的，父亲没告诉我，也没有其他渠道可以了解。

稍大一点，对"出身"印象会更加深刻。比如知道"乡巴佬"是骂人的话，其实那个时候，几乎全校师生均是正宗的乡巴佬，因为绝大部分都是本地的，只有很少的几位不是说本地话的，我的语文启蒙老师是上海知青。人们有种种优越感或瞧不起，比如同是山里人，1000 户村子的比 100 户村子的优越感更强。那会儿的自然村很多，有不少村子，只有屈指可数的几户人家。我所在的村子属于大村，上初中时是 20 世纪 80 年代后期，听过也亲眼见过不少讹诈小地方来的同学之财物。今年春节期间，初中同学聚会时，还有一位现在发展得挺好的同学回顾那段受欺凌的往事，提及他虽然来自很小的村子，但同时是大村人的外甥，当时他是"不怕的"。

上高中时，隐约中有种要去上大城市上学的愿望。种种原因，其时的升学率本来就不高，家庭条件也非常有限，加上成绩偏科，能考上所在地级市的师专或医专就算相当不错了。父亲是1962年高中毕业的，之后一直从事乡村中小学教育，大约是90年代初参加了同学聚会，我有机会去天津上学，与那次同学会是密切相关的，可以理解为得到了父亲同学的帮扶，因为从父亲同学那获得了重要的信息与建议。我翻阅过父亲那次同学会的通讯录，通讯录上有登记同学的信息，还有子女的信息，上边的信息令我很羡慕，我们家算是名副其实的"困难户"，父亲在乡村，子女也乏善可陈。

关于"出身"的话题，很多场合属于热门话题，亦庄亦谐。学术报告的主持人开场通常需要介绍报告人的"出身"，听众也往往特别关注报告人的"出身"。酒桌上的热门八卦话题，往往是议论他人出身，尤其是准大牛或大牛的出身，亦被人"津津乐道"，议论谁谁"野鸡变家鸡，家鸡变凤凰"的"进化史"，或者种种"屌丝逆袭"的励志正史或野史……此外，各种各样的表格，需要填若干项"出身"相关内容。

对于我自身，有一个对我影响较深的与出身相关"励志"或"自励"故事。那是在我高三复读期间，租住县城同一家房屋的有位高我一级或两级的校友，他的"出身"可能与我差不多，其父亲好像也是乡村教师，他也是在复读。名字也很有趣，姓刘，名什根。他给我的印象是自信、阳光、热情，甚至这组词均可以加"很"修饰。有次到其房间"串门"，瞥见了他的"座右铭"，大意是：我没有高官的父母，没有富贵的亲友，但我有的是勤奋。他的的确确很勤奋，作息时间也很规律，每天5点左右起床晨练，风雨无阻。而且他的勤奋有好的收获，考上了武汉大学，能考上这样的名牌大学，所在县城为数不多，甚至用"屈指可数"没准也错不了。其后的若干年，我从他身上汲取了积极进取的"正能量"。

无论何种"出身"，均属于个人财富。尤其是在当下，无须妄自菲薄，也不宜妄自尊大。因为"出身比你好，比你聪明，还比你努力"的人，地球村上有许许多多，上述方面均不如你的，地球村上也有不少。

（2016-8-25）

研途风景

近读浙大李江博文《研商，一个判断你学术前途的指标》[46]。该文介绍了 Barabási 的团队在 *Science* 上发表的成果，想做出出色的研究是需要天赋（某种学术能力）的，这种天赋就像人的智商一样，并不依赖于个人努力。在整个职业生涯中，科学家的这种学术能力不会发生大的变化。研商指科研能力得分，由研商预测学术前途。

从我的角度，从未想过能有啥出色的研究或重要的科学发现。对于"研商"，自我测度一番，"研值"想必相当低。尽管如此，也许算是身在"研途"，也就是科学研究的路上。"研途"有风景，自身在领略风景，与此同时，或许也算风景中人。如果"研途"指"学术前途"，虽然没有展望过，但或多或少还是有所思有所虑，风景是"迷人"的。

(2016-11-30)

学术论文的挂名现象

学术规范三令五申的今天，学术论文的挂名现象依然屡见不鲜，甚至有的令人"叹为观止"。

何为挂名？挂名，指记上姓名，多用以指空居名位而又不能负起责任者。有的是"附名"，作为第2作者，第3作者……有的是"冠名"，作为第一作者，通讯作者，真正的作者位居相对次要的位置。出现此现象，多与各种政策相关，与名利相关……

作为审稿人，遇到过过分的挂名现象，投稿时是独立作者，让进一步修改完善，稿件拟录用，结果修改稿，冒出多位作者。修改的内容很少，远远不足署名。遇到此情形，笔者直接建议退稿。

近期，听闻一则抄袭。论文A抄袭论文B的投稿版，除了题目修改了一下，其他内容除了个别表述稍微调整了一下，几乎一模一样，十足的抄袭！论文B有大项目资助，论文B的作者关注相关领域研究动态，几乎第一时间就发现了论文A的抄袭行为。原创者很气愤，气愤的原因或许还有一条，项目结题按惯例有查重环节，如果查重环节指出有问题，估计需要自证清白，会平添不少麻烦。论文A的"作者"，阵容豪华，有高学历、高职称、高职务人员若干。出现这样的状况，令人匪夷所思。

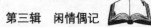

挂名需谨慎！一旦"问题"被发现，挂名者能解释我仅仅是挂名者，甚至有的可能会说，论文我都没见过吗？白纸黑字，百口莫辩。如果挂名者真是"被挂名"，一旦遇到利益受损，始作俑者恐怕一定程度上会"罪加一等""自食其果"。

（2017-1-11）

研究的脚步

近期，各级各类科研项目申报启动。有动员申报项目的，有邀请做项目组成员的，还有各种与项目申报相关的咨询。

领导动员申报国家社科基金。我有 N 个不申报的理由。大致可以有：（1）力不从心。我当前承担教育部项目，就算我申报下来了，我哪有这么多精力做？领导说可以让课题组成员做，我哪有这样的能量与资源？（2）吃不了苦。按照所在机构要求，假如申报，需要在短期内按规定时间做规定动作参与遴选。所在机构限报 10 项，一番折腾之后，有可能做无用功。（3）太累了，也该歇歇啦。结合自身实际，眼下事务缠身，工作方面的，家庭方面的，还有其他方面的。承担科研项目有系列组合动作得做。单单是科研经费的使用就劳心劳神。（4）敬畏学术。个人从 2004 年开始参与国家社科基金申报，此后多年一直参与或保持关注。据个人的观察，当下的要求越来越高了。比如阶段成果不许同时署多个项目号；学术规范方面有更高的要求等，任何投机取巧，很可能得不偿失。上述理由，有的是说不出口的，不好说，说不好，不说好，甘苦自知。

近年我的科研产出很低。一方面由于我的"可研"时间大大缩水，一方面投入了较多的精力进行实践探索。单单是圕人堂 QQ 群这个平台的实践与探索，劳心劳神劳力。原本我还希望留一点时间精读一点经典书籍，基础不牢，办事不牢。急匆匆地赶路，装备、头脑等的准备马虎了事。

　　研究的脚步，无论研究啥，也无论研究有啥意义，需要尽可能地稳健与从容，量力而行，自得其乐。行者无疆，让"成就感"与"获得感"尽可能建立在自得自乐的基础之上，行之有道，方得始终。

（2017-1-14）

我的寒假生活

2017 年的这个寒假，基本没有假期计划，即使有也无法执行。

所在学校是 1 月 13 日开始放假。放假头一天，驾校教练来电话，问是否要练车，说 1 月 25 日有场科目二考试，查了一下日历，那天是腊月廿八日。太靠近过年了，诸多事情排不开。小孩幼儿园是 1 月 18 日放假，妻子由于在外地挂职，放假时间比较短。过年，要么回江西老家，要么回河北岳父母家。原打算回江西，父母坚持让我回河北，妻子规划了一下行程，顺道到北京玩两天再回。

1 月 21 日出发，次日到北京，带小孩直奔北京科技馆，一直玩到闭馆，晚上看了看奥林匹克公园夜景。1 月 23 日原打算带小孩逛故宫，到了故宫门口，被告知周一闭馆，转了转太庙，之后去了大栅栏。1 月 24 日去了北京自然博物馆，当天下午搭顺风车回岳父母家，大约 19：00 到家。

尚未进家门，妻子弟媳妇告知岳母到县医院做妇科检查，情况比较糟糕。一进家门，看到岳母的满头银发，精神状态不好。妻子高度紧张起来，一方面进一步了解情况，一方面四处求助。于 1 月 27 日（大年三十）拿到县医院化验结果（不敢让岳父母知道）。一家人高度紧张，完全没有过年的心情。2 月 1 日（正月初五），妻子领着岳母到石家庄办理住院手续，2 月 7 日手术。小孩 2 月 13 日开学，我领着小孩 2 月 11 日（元宵节）到石家庄，一同看望了岳母，其时岳母身上还有一根管子没拔，精神状态较好，随后

带小孩到河北省博物馆、河北省图书馆转了转。2 月 12 日我带小孩回家，晚上 7 点到家。岳母 2 月 13 日出院了，恢复情况较好。妻子在"前线"，我在"后方"。2016 年 12 月，我经历了"魔都惊魂"，年仅 21 岁的侄子在上海病故，其病故前后的许多事情是由我出面代理的。我能理解妻子的不易，努力做好"后方"工作，尽可能地分担一点压力。

稍有闲暇的时候，通过移动图书馆读了点江西籍名人传记，包括王安石、汤显祖、曾巩、欧阳修、文天祥等人的。

过年期间，我给亲友的祝福基本均为："祝愿新的一年，岁月静好，平安、健康、欢乐，一切都好！"

（2017-2-14）

清明琐忆

草长莺飞天，杨柳醉春烟。又是一年清明到，今年的清明与往年不同，如丝如缕之牵挂平添几许。

安葬侄子华的地方，是责任田附近的山上，有好几里地。今年父亲祭扫的任务加重了。电话里询问老父亲，哪天去上坟祭扫？华那代我多烧点纸钱，帮我带个话，大意是：安息吧，如若在天有灵，庇佑在人间的亲人康宁。在华短暂的21年生命旅程中，操了不少心，虽已阴阳两隔，仍在操心。华走得如此匆忙，始料未及。世间事，许多是无解的，现代科学技术亦鞭长莫及。华的QQ签名是"一抹苍凉笑叹尘世沧桑"，其微信头像之类也是苦兮兮的，整了一张小孩哭的照片，我曾心存疑惑，正值青春年华为何如此沉重？我也不便问他，如今已成谜。

家乡清明祭扫习俗，代代相袭。我七八岁时开始，年年清明随同父亲、叔叔等一起前往祭扫。我16岁离开家乡，在外求学、工作，自那时开始就没能参加清明祭扫，如今已近30年了。我自身虽未至，但父亲并未中断。

大家族性质的祭祖，我只去过一次，跟随大人走数十里地到深山里（上社岭），一行有数十人，早出晚归。常规性的祭祖，父亲三兄弟，父亲是老大，年年去，大叔（前些年已走了）比父亲小六岁没去过，二叔比父亲小十三岁也年年去。再下一辈中，我去的次数比较多。过去，祭扫这事都是男丁去。

每年的祭扫需要提前准备。清明节前准备好纸钱、蜡烛、香、鞭炮等。清明节那天还需准备好祭品（肉、米饭、豆子、酒、水果等）。纸钱需要自己加工，买来一沓沓长方形的毛边纸，加工是指用钱凿打上印子。祭扫的对象，主要是我的爷爷、奶奶、太爷爷、太奶奶，还有爷爷的兄弟及其夫人（因为他们已无后人了）。他们的坟地（太奶奶的坟地在另一处，颜家岭）大致地点是在一座山上（石东坑），但星散各处。找起来，要花点功夫。由父亲、叔叔规划好路线，否则一个上午忙不完。

祭扫的程序大致为：找到墓地后，开始"清扫"，包括用镰刀砍去坟上的树枝，锄头除去较长的杂草，如果坟上有凹陷需要培土；碑石上的杂草需要清理干净，碑石前需要整出一块空地，开始摆上贡品，点上蜡烛和香；放鞭炮，通常是短鞭，数十响的；烧纸钱，烧纸钱之后要用酒水洒一圈（有防止火势蔓延之效）；祈福作揖祭拜；给左邻右舍（实际没有亲缘关系，只是因为长"住"在一起）烧点纸钱。完成一处祭扫之后再去下一处。祭扫需要用火，祭扫的人们比较谨慎，家乡未曾听闻引发火灾。

在县城上高中时，曾看到过有的人在路边祭扫，采用的是"邮寄方式"，写明通信地址。当时看着有趣，若干年之后，似乎明白了许多。采用此种方式寄托哀思的原因，大致有二：一是无法亲临墓地祭扫；二是有可能无法找到亲人的墓地，这种情况不稀奇，墓地十分密集，碑石字迹湮灭等，我的爷爷是1960年去世的，碑石只是一块砖头，直到90年代重修。

清明复清明，从古传至今。世间有真情，世间有真爱。

（2017-4-2）

找呀，找呀，找帽子

人在江湖，身不由己。学术界的帽子，林林总总，有大有小，"含金量"有多有少，甚至有的就是"草帽"……茫茫人海中，找呀，找呀，找帽子的人，或许有你，有我，还有她/他。

找帽子有理由吗？需要理由吗？

2013 年 9 月，第一次参与申请所在小地方的"帽子"。按照规定程序熟悉其选拔、培养与管理办法，填写申请书，准备系列支撑材料。"帽子"不大，但正儿八经，有模有样。恭恭敬敬按规定程序、规定时间、规定格式提交材料，等啊，等啊，等到次年 5 月公示。虽说榜上有名，但位居"长尾"。内心不甚满意，参照相关资格条件，似乎应该占据更有利地形。转念一想，身为草根，配上一顶"草帽"，是为"般配"。

起初，我对这顶"帽子"给予了一定期望，比如对小孩上幼儿园方面，按照文件中的政策是有优待的。文件上，还有其他"福利"，比如图书资料费、课题经费之类。我当时最看重的是小孩上幼儿园之事。事实上，这顶"帽子"对我似乎真的没有什么用，我不知道对他人是否有用？有多大用？小孩上幼儿园，我一点劲也没能使上，妻子拜托同事找熟人才得以解决。这顶"帽子"，给我带来的还真就是一张纸，实话实说，纸张的质量似乎真的有瑕疵，太薄了点。文件上说的若干好处，有的未兑现，有的实在"够不着"。职称申报写材料时，我还曾为是否填入申报表中而纠结多时。最

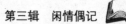

初，我还挺好奇，还曾专门向"过来人"咨询何故？答曰：一向如此。自此之后，我对"帽子"多了几分"敬畏"，继而敬而远之。

近日，带小孩逛博物馆。无意中，发现墙上张贴有某"帽子"申报的文件。浏览了一下。我觉得我该参与。回到家中，继续浏览相关信息。纠结了两天，参与呢？还是不参与呢？有用吗？无用吗？……

有道是岁月是把杀猪刀，刀刀催人老。马上就要"老了""过气了""玩不动了"……趁着尚有米下锅，生把火煮煮，能否煮成熟饭？饭是否香？暂且先别费那个脑筋，谁知道哪片云彩会下雨？心动不如行动。虽说手头有点"存米"，但得翻出来晒晒，挑挑拣拣。从早上 7 点，忙到下午 2 点多，等待"下锅"……

找呀，找呀，找帽子……敬个礼呀，握握手，你究竟有几个好朋友？

（2017-4-4）

一名青椒女博士的麻辣烫生活

又是一年职称申报启动了，开始提交论文送审环节。妻子在老家忙着给岳母治疗，已忙了两个多月了。我将信息传递，并问今年还报吗？妻子说不报了。我说不报也好。依据当前的形势，其实报了也是白报，还需要浪费不少时间和精力。

妻子 2006 年取得讲师职称，2014 年博士毕业，2015 年首次申报副教授，2016 年第二次报。其"核心竞争力"是有两篇质量较高的论文，分别为中科院大类分区一区、二区。由于其所在二级学院，估计有 10 多位等着上职称，学校每年给的名额也就一个，竞争"惨烈"。按照学校文件，从 2017 年开始，副教授要求有海外访学半年以上经历。单是这一条，就被"秒杀"了。

这些年，妻子真够拼的，忙着报各种课题，单单是国家自然科学基金报了 3 次，2016 年似乎差那么一点点，2017 年这次提交申报书之时正是岳母病重之际。忙科技镇长团、科技副总、双创博士……任何一次申报，单单是准备各种材料都够折腾的。忙全国英语等级考试，考了两次（第一次差 6 分，第二次差 1 分），上过几个月的辅导班（晚上去上课），今年上半年这次放弃了。公共英语等级考试是为联系海外访问学者做准备。

各种"拼"有几分属于形势所迫，身不由己；有几分属于自加压力，积极进取。岳母的病，一发现就是大病，妻子这几个月真是操碎了心。多么渴盼家人健康、岁月静好！"麻辣烫"生活，早日再见吧。

（2017-4-11）

这些年那些事

　　这些年，因为自己的种种形状，或幼稚，或无知，或涉世不深，做的一些事，冒犯或得罪了一些人。

　　自 2005 年 1 月开始写博客至今，博客已然成为我生活的一部分。博客中，或多或少存在一些观点，涉及一些人和事。观点，无论是正确的还是错误的，有人赞成，有人反对。大约在 2006 年，有较我年龄稍长一些的老师较为委婉地提醒我，大意是你赞赏谁，可能会冒犯一些人，因为那谁可能谁谁不喜欢，甚至是对头。2011 年，因为某件事写了某篇博文，博文中针对现象评论，有感而发，措辞较为严厉。博文发布后，卷入了一场不大不小的"风波"之漩涡。曾经冲动过，曾经无奈过，曾经艰难的选择……如今已过去了 6 年多，或多或少还遗留有后遗症。

　　我有一篇论文曾产生了一定反响。以调查研究方法发表出来的论文，涉及了一家高校馆，自认为给予了实事求是的评价，惹事了，甚至是"闯祸了"。除了所在机构领导找我谈过话之外，从侧面还了解到一些情况，涉及一定范围的好些人。谈话核心内容，我感受到隐晦、警告。我受到一定触动，让我认识到：做学术研究，不可以书生意气，谨防因"言者无意，听者有心"得罪人；研究方法的规范性需要加强学习，要保护好研究对象。

　　工作中，若干言行，冒犯或得罪的人也不少。主要问题是言论的分寸，有时尺度过大，让他人或其他部门不满意或不自在。

主观上希望谨言慎行，与人为善；客观上修行尚浅，心有余而力不足。以往可以用"年轻"宽慰自己，如今已不再"年轻"，往后得努力成熟一些，稳重一些。

（2017-4-26）

我的书房我的书

对书房进行了紧急收拾，因为有位亲戚需要在书房小住一段时间。今天之前的数年，书房杂乱不堪。早在 2010 年装了 4 箱子书堆放在书房一角，今天又新添一箱。书架成了"密集书架"，全部满了，但算是近期可能需用到的，尽可能地方便找书与取书。我的书架上挤了大约 400 册书；妻子的书架是与电脑桌连体的，她的书估计有 100 余册，更多的是一些杂物。书房外门边的过道上的书架摆的是儿子的书，也有数百册。

前些天，搬办公室了。2016 年 8 月至 2017 年 5 月，这段时间的办公室属于临时办公之所，我的书基本属于密集堆放状态，因为实在没有空间舒展开。此次承蒙领导关照，有个文件柜，放的基本上是我的书，找书与取书均方便多了。

我的书，大约保持每年数十册的增长速度，多是淘来的、攒来的，也有小部分为师友赠送的，因此比较珍惜，舍不得处理掉任何一本。存储与管理问题越来越棘手。于心不安的是，大部分书，未能充分阅读与利用。种种原因，可支配时间，尤其是可用于阅读的时间，实在是少得可怜。

我是一名图书馆员，且当前做的是数字资源采访工作。近年，所在馆的纸本图书我很少利用，原因是我想看的书，我自身有了，取与用更方便。纸本期刊，我会尽可能地找时间利用一些。数字资源，有条件利用本校购买的资源，也有机会利用本校未购买的资源（更多是借助图书馆同仁的帮助，偶尔还可借助数据商友人的帮助）。我很惭愧，拥有大好的读书机会，似乎无福消受，未能较好地利用。

随着自身阅历的增长，与师友们交流的增多，我越来越强烈地感受到自身知识的匮乏，越来越渴盼借助阅读汲取知识与力量。同时，也在思考如何以退为进，量力而行，适可而止。

（2017-6-3）

假期也没工夫闲着

暑假是 7 月 13 日开始，到今天算是放假第 10 天了。回顾一下这 10 天，并未得清闲，甚至比平时还辛苦。

今年计划将近两年的科学网图谋博客博文结集出版，从 4 月份开始联系出版社，5 月份做准备工作，6 月正式整理书稿，6 月 22 日书稿雏形出来。7 月 13 日与出版社达成出版意向。7 月 16 日形成正式的书稿提交给出版社。在做这件事的同时，帮同行策划了另一本书，并帮着牵线搭桥，与出版社达成出版意向。接下来还有好些工作要做。我希望假期中，将这本书的相关工作做好。

这次算是忙自己的第 6 本书（含再版修订 1 本及"副主编"角色 1 本）。暂不论我的书质量如何，但是一直比较认真，期待下一本会更好。自认为是可以心想事成的。连续几天"起早摸黑"才将书稿提交，其实已经修订了好几回，最后一回还是全文打印出来之后再进行，进入三审三校之后估计还会发现不少问题。最直接的反应是眼睛不适。

并轨在做的事情有好几件。其中一件是关于考驾照的，原本期待暑假能充分利用起来。5 月份报名考驾照，种种原因，科目一还没考。考科目一要求在驾校做模拟题达到 95 分以上。抽了一天上午去驾校做题，做了 3 次才刚刚 95 分，取得科目一考试资格（还得等到 8 月 4 日下午 1：30 到车管所去考试）。

这段时间，我牵挂的事情还有教育部项目申报结果。从 7 月初开始关注社科网及小木虫网站。此次申报，我比任何一次都用心。我从 2002 年开始参

193

与做各级各类项目，期间实际参加过国家社科基金、教育部人文社科基金、江苏省社科基金、江苏省教育部厅人文社科基金、江苏省社科联课题等项目申请，也常作为"项目主要成员"身份出现，但实际由我主持完成的只有两项校内课题，由我实际主要完成的也有两项。2014 年 5 月至今一年多时间，我没有任何主持或参与的在研项目，这段时间我投入了较多精力建设圕人堂 QQ 群。2015 年年初，我对形势进行了判断。因为既没有高级职称，又没有博士学位，"高不成低不就"，相对"高"一点的项目我都没有申报资格（或者事实上没有资格，由于限项等原因），2015 年是我最后一次申请教育部项目的机会。我是 1975 年生人，很多项目界定的青年是 35 周岁以下，教育部的青年基金放宽到 1975 年 1 月 1 日之后出生就可以。7 月 20 日 7 点半左右，正在吃饭，友人打电话来，告知我"中标了"，赶紧放下碗筷，到社科网查实一下。紧接着，收到好些师友的祝福，他们为我"终于中了"而高兴。圕人堂 QQ 群有人要向我"取经"。我衷心感谢图林师友对我的指导与帮助！这次取得成功，在申报过程中，离不开大家对我的指导与帮助。做项目，我希望能切实做一些推动，而不是只是写几篇东西"交差"。我的项目申请书中，或许也能看到这点。这大概就是我的"真经"，寡淡如水。

此外，近期比较关心的事情有了结果。其一是侄子参加高考，成绩挺好的，也是在 7 月 20 日被正式录取。其二是 5 月份帮同行修改过一篇论文，昨天告知被《大学图书馆学报》录用了，我很高兴。

从 5 月份开始作为图书馆参考咨询部负责人角色，内容真够丰富的，整天像个陀螺在不停地转呀转，时不时还有"鞭子"驱动一下。

作为高校图书馆员，是"假期也没工夫闲着"状态，很多人可能会说"打死我也不信"，反正我是信了，因为我的情况，并不是个例、孤例，我熟悉的人中，有不少比我"更惨"。想着有比我"更惨"的，不由得意地笑。

（2015-7-22）

文以载道，以小见大——《大师小文》读后感

阅读《大家博友：纪念李小文院士博文集》之后，知道纪念李小文院士丛书还有《大师小文：李小文院士博文精选评注》（李小文著、陈安主编）、《李小文评传》（陈安著），并曾表示"我很期待，并将收藏"。

8月6日收到网上买的《大师小文：李小文院士博文精选》[47]。感觉很亲切，身材和长相与《大家博友：纪念李小文院士博文集》差不多，但内涵大不同。

《大师小文：李小文院士博文精选》一书由中国科学院科技政策与管理科学研究所研究员陈安先生任主编。体例颇似《老子》（原著［春秋］老聘、梁海明，译注. 老子. 远方出版社，2004）一书。全书分为说古论今、历史人物、上下求索、时事求是、科教天地、网事悠悠、事件应对、天南海北等若干辑。每辑下设若干专题，每辑有"编者按"，有评有述，起导读作用。部分博文附有"编者按""注释"，由陈安组织他的研究团队完成，方便阅读。

"李小文以其广博和深入的科学思维、平等和宽容的论辩作风赢得了几乎所有人的尊重。"（陈安，序P2）"通过这样一部编选了李小文先生139篇博文的小书，大家可以试着去理解作为科学家的李小文、作为科学思想传播者的李小文、作为一心为弱者鼓与呼的李小文；体会他的创新思想，分享他的科学精神、理性思维和宽容意识。"（陈安，序P6）"在当代中国，

身为著名科学家却能成为社会各界共同关注之人物的不多，能够影响社会的越发少见了。除了受专业方面的因素影响之外，这也与科学家们过于留念自己的一亩三分地有关。但是，国人的科学素养和科学精神却是急需培育的，所以，应该鼓励更多的科学家选择多与社会接触——在这个更需要科学精神的广阔天地，大科学家们一定能如李小文先生一样，会颇有作为!"（陈安，序 P7）

李小文先生认为，"通过自由的争论，大家能讲清楚道理，增长知识，繁荣学术。如果科学网能办长久一点，我相信能出成果，能出人才的。并且，我个人在争论中力求做到：只讲道理、不争输赢；对比自己年轻、资历浅的争论对方，尽量不挤压别人自尊的空间。"（引自《百家争鸣的机会，历史上不多》2009 年 10 月 10 日博文 P181）

我是从 2005 年 1 月 28 日开始写博至今（自 2009 年 2 月 9 日"落户"科学网之后，以此平台为中心），种种原因，我对李小文先生的关注很有限，博文精选中的"小文"，对我来说均是"新鲜"的，给我的印象是言简意赅、幽默机智，李先生的学识、涵养、性情，跃然纸上，不仅有助于增广见闻，还予人以启迪，受益匪浅。

纪念是为了传承，纪念宜趁早。陈安先生及其研究团队情真意切、情深意长，所做的工作很有益、很及时! 大音希声，大象无形。文以载道，以小见大。《大师小文：李小文院士博文精选》是对李小文先生很好的纪念，同时，将有助于学者先进见贤思齐。

（2015-8-12）

闲话荣誉

　　荣誉指光荣的名誉，是社会组织对个人或集体基于其某方面突出表现或贡献而做出的正式评价，是特定人从特定组织获得的专门性和定性化的积极评价。个人因意识到这种肯定和褒奖所产生的道德情感，称为荣誉感。我的经历比较简单，一直在学校，关于荣誉，略有见闻。

　　小时候（20 世纪 80 年代初），家里的大厅墙上挂满了各种奖状，有我爸爸的、也有我叔叔的，后来还有我的。爸爸和叔叔的主要是优秀教师或模范教师、优秀班主任之类，我的则为"三好学生"。老屋是晚清建筑，大厅一面为大门（有两长两短四扇门），正对大门为"宝壁"是木板墙，左侧开了一扇门（实际不装门），右侧有神龛。左右两侧墙是"沙壁"（涂有沙子，碰擦会掉下沙子和灰）。除了大门那扇墙，其他三面墙糊有各种奖状，印象中是过年的时候集中糊（用的是自家熬制的米糊），同时还四处贴父亲写的春联（因为涉及两幢"祖屋"，每幢是多户共有，也就一两间属于我们家，里里外外需要贴春联的地方不少），我属于"常务"助手（主要负责扶稳梯子、递送对联或米糊）。印象中有奖状上贴奖状的情形。那时，对于奖状有何"内涵"，我不懂，但觉得好看。有的奖状，其实还带有奖品的，比如杯子、盘子、毛巾、洗脸盆等，上面通常带有"奖给"字样，看着用着舒心。我隐约地知道，1987 年，父亲评高级教师职称"差点没上"，是老校长建议带上奖状去县里找教育局长。那一年从墙下"下载"了部分奖状

（我曾见过，有的还附着沙子），顺利晋升了职称，但此后奖状很少糊墙了。父亲 1962 年高中毕业，刚开始以"顶编代课"身份从事乡村教育，直至 2004 年退休。父亲获得的各种荣誉不少，后来了解到，先后于 1977 年、1987 年获地区模范教师，县模范教师则有数十次，县志及县教育志上有父亲的名字。大概父亲无法记清，他人更无法知晓，我知道的也仅仅是部分，因为别人"不在乎"，且父亲的工作地点虽一直在"大湖坪"（目前包含两镇两乡，父亲工作过的有一镇两乡），但涉及好多个地方。父亲的荣誉不是跑来的、要来的，都是"自然而然"获得的，虽然荣誉背后的"汗水"被忽略不计，但似乎是"可想而知"的。

我从小学开始得奖状，到今天也得过一些。特别是工作后，荣誉证书的壳子如果垒一块，似乎也不薄了。对我影响比较大的是几个无足轻重的。小学 5 年级时得过县里作文比赛的鼓励奖，奖品为一个皮文具盒，那时开心了好一阵子；初中得过一个作文比赛三等奖（还是复读那年得的），这个奖对我重塑信心很重要，可能是我初中阶段唯一一次得奖；高中读了 5 年，啥奖也没得过；上大学期间得过优秀共青团员、校报优秀记者、评建立功奖章（学校为本科教学水平评估设立的）等，校报优秀记者这一荣誉，我自身很"看重"。工作后，得的奖主要是会议论文征文奖、学术成果奖之类。2009 年得的中国图书馆学会优秀会员荣誉，是作为首届青年学人候选人落选而获得的，这个荣誉我"很在乎"。2011 年得的市哲学社会科学优秀成果奖二等奖，因为有 1 千元奖金（学校另奖 1 千元），"得实惠"了，也很开心。2014 年得的市哲学社会科学优秀成果奖状很"豪华"，据说是按"规范"来的，量身定制的塑料封面，A3 纸大小的正本，还有 16k 纸大小的副本，我算是"长见识"了。有些奖是很无趣的，劳心劳神，得到的还真就是"一张纸"（指奖状）而已。

"立德""立功""立言"为"三不朽"。"立德"指树立德业，博施济众，"立功"指为国为民建立功绩，"立言"指创立传世学说。此"三立"，"立功"属于相对狭义的"荣誉"，"立德""立言"实际也属于广义的荣誉范畴。古往今来，人们希望"人过留名，雁过留声"，某种程度上可以说是在为"荣誉"而生，为"荣誉"而战。正确的"荣誉观"，要有"荣域"，莫成"冗余"，融于生活。

（2015-8-14）

读书是个事儿

暑假即将结束，读书方面，于心不安，感觉是个事儿。

到目前为止，较为认真地读完的书，只有一本——《走向海洋》（海洋出版社，2012）。这本书是中央电视台《走向海洋》节目组编著的。涉及历史、地理、军事、政治、科技等诸多方面，图文并茂，读起来不费劲，同时，勾起需读更多书的欲望。读书是一件"奢侈"的事情，读完这样一本"不费劲"的书，花了大约10个小时。

年逾不惑如我，实际读书甚少，似乎对"书到用时方恨少"有进一步的感悟。学历教育阶段，读书是为了应对考试；参加工作之后，读书是为了更好地做好工作或者为了写论文（写文章）……如此"读书"，也许并非真读书。什么是真读书？真读书大概是相对成体系地读了一批书（比如上百本），并且真正读进去了（有所收获）。为稻粱谋读书，很多时候是一知半解，马虎了事。

我在图书馆工作近20年，似乎任何最低限度的阅读书目均未完成。一种脚踩西瓜皮滑到哪里是哪里的随心所欲。表面上似乎天天在与书打交道，天天在阅读，实际读书有限。

读书对我来说，越来越是个事。因为从2009年开始，我也开始"著书"了。这几年写书、编书、校书、审书、评书……都干了，干得不咋样，因为书没读好，亟须"复读"。

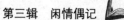

　　我买过熊培云、涂子沛的书，他们二位的书，我很喜欢，感觉他们不仅读了好多有字书，还读了好多无字书（包括游历、工作等"社会实践"），读书有深度，思想有高度。他们俩的年龄同我差不多，而且地缘上，他们成长的地方同我的老家似乎也差不多。我对他们有几分羡慕嫉妒，但不应有恨。

　　读书需要毅力、眼力、体力、脑力，还需要有点钱、有点闲。读书要趁早。父辈告诉我，到了一定年龄，真是力不从心，比如费眼、记不住等。我是俗人，读书不能光顾自个"苦读"或"悦读"，还需要传承与发展——那就是不白读，也争取尽可能地为"读书"做点贡献。读书是个事儿，究竟多大事儿，问天问地不如问自己，随心、随意、随时、随地。

（2015-8-22）

泥鳅与我

　　我生在农村，长在农村，与泥鳅有着许许多多的故事。时过境迁，有些故事值得记述。

　　我的少年时期（1986—1990），与泥鳅特别"有缘"。我1990年在县城上高中，寒暑假在家待的时间也短，日渐疏远。我的家乡位于江西省中部腹地，地形以丘陵、山地为主，属亚热带季风性湿润气候区。那个时期，经济比较落后、生态环境相对较好，泥鳅很多。

　　家里有责任田，其中有一块是我们家最大的一块地，有一亩二分，位于"山口前"，也是离家最近的一块地。那块地最好，泥鳅也最多。每年的栽早禾、"双抢"（收割早禾、栽晚稻）、收割晚稻几个时间点，通过各种方式收获泥鳅是最为快乐的时光。我的母亲及我的二哥是捉泥鳅的好手、高手，经常能收获不少泥鳅。母亲虽然自己不吃泥鳅，但擅长烧泥鳅，有多种烧法。那段时光，一家6口人，主要经济来源是父亲的工资，只有父亲是吃"商品粮"的，做农活不大擅长，家里号称有5亩地，最大的一亩二分，最小的二厘，有好几十块，最近的离家大约1华里，最远5华里。那会交公粮、余粮的压力不小。除了逢年过节，平常很少有机会沾荤，泥鳅是荤腥，是超级美味。尤其是在农忙时节，做的是体力活，炒泥鳅大大有助于改善生活。

　　在农村捉泥鳅的方法很多。小孩有小孩的方法，大人有大人的方法。

202

小孩的方法，常见的有"干王鳅"——其实就是一种"涸泽而渔"的方法。夏天，农忙时节前后，比较常见。几个小孩在小溪小河物色一小段可能有泥鳅的位置（可能是小水坑、泥潭等），将水流截断或分流，然后借助工具将水排干（纯体力活），排干之后，开始在淤泥中进行"探索与发现"。泥鳅是主要的产出，有时还可能会有各种小鱼、螃蟹、鳖等收获。收获的多少与运气、技术等有关。大人的方法，主要有两种：一种是利用竹制的篓子在水流注入之地"引君入篓"，涨水的时候会大有收获，属于技术活，如何编篓子、用篓子均有讲究；另一种技术活是"照王鳅"，夏天的晚上，一手打着松火（以松树的特别易燃烧的部分作为燃料），一手拿着叉子，肩上背着松柴，腰间绑着鱼篓。通常需要两人一组，一是便于配合，二是有助于壮胆（夜间很容易迷失方向，两人协助会好得多）。不常见的方法，还有"药港"，在小河的上游投放药料，比如山茶籽榨完油后的渣饼捣碎，配油菜籽榨油后的渣饼（相当于诱饵，药不死泥鳅），过一会儿从下游往上去"收获"，发现的人越多，人们会奔走相告，会越来越热闹。那个时期，蓄电池、手电筒等用得不多，偶尔有电瓶电泥鳅的。中学有个物理老师，自己会制作电瓶，常出去电泥鳅，且"满载而归"，让乡邻羡慕不已。

我有一种适合我的捉泥鳅方法，是我母亲教给我的。在暑假中，"双抢"前后还有些闲暇，有个少年腰系一个鱼篓，手拿一个三角形框网兜（三角形边框 40 厘米左右），头戴一顶草帽，肩上搭一条毛巾，身穿背心、短裤，脚穿凉鞋，经常出现在小溪小河中。这身装扮并不多见。通常是上午 11 点左右出发，下午 4 点左右回家。实践中我找到了一些方法和窍门，只要出门总会有所收获，有时因为收获甚丰，中途还满载而归（鱼篓装满了）回家卸载一到两次。说是捕虾，实际上泥鳅占的比重不小，二者兼收并爱。我家兄妹四人，我为老三，我的个子高一点，可能与我有此"特长"有关。此特长，一来因为正是我长身体的时期，营养方面得到了改善；二来逃避了做重体力活（比如我二哥，长我四岁，经常挑一些可以砍"好柴"的地方砍柴，还得费力挑回家，我吃不了那个苦）。我这个特长也需吃些苦，比如长时间一个人在水里行走，不断忙着探索与发现，还得时刻注意安全，比如水的深浅、是否有蛇出没，此外就是得抗晒，上身晒脱皮是常有的事情。肩上搭条毛巾，是我自己摸索出的防晒法，常将自己加湿，借此"保养"。捕捉回的泥鳅，吃一部分，吃不完的用特制的陶瓷养起来（也卖过几次），说是养，其实只是记得换换水而已，有时养数月。不时开一次荤，招待客人，也可以算作一道荤菜。

我长大后，出于种种原因，泥鳅似乎不再是原来的泥鳅。比如我上高中时期，我曾经擅长的捉泥鳅方法已经不好使了。因为村子里有几家养鸭子的，鸭子扫荡过的小溪小河，鱼、虾、泥鳅所剩无几，还有就是各种农药的使用、电瓶技术的使用，捉泥鳅变得不那么容易了。泥鳅养殖技术越来越高明，上高中期间吃过几回养殖的泥鳅，感觉已不是那个味道。工作后，自己开始做饭，买过泥鳅，一是感觉处理不便，二是感觉味道不对。少年时期吃泥鳅，都是直接煎炒鲜活的，未经任何处理，养殖的泥鳅不处理不敢吃。2014年暑假回家乡，母亲特意找人给我买了点原生态泥鳅，好像是40元一斤（养殖的17元一斤）。现在在农村原生态的很难弄到了，因为时下的农村小孩也很少做农活的，我少年时期那样"捉泥鳅"的经历很少人有，大人运用"现代技术"捉到的原生态泥鳅，成本也不低（包括人力及技术装备投入）。农村的农田，基本是老年人在耕种一部分，而且是借助机械，耕作方式与我小时候大不同。部分"好田"盖上了楼房，贫瘠一些的荒芜了（有点"退耕还林"的味道），山是更绿了，不过水是有问题的，至今未通自来水，用的是地下水，春节前后用水特别紧张（这会儿本身雨水少，大量农民工返乡）。

我儿子出生后，听到一首儿歌《捉泥鳅》，歌词我很喜欢，"池塘的水满了，雨也停了，田边的稀泥里到处是泥鳅……"旋律也很喜欢。我将这首歌作为摇篮曲，还曾在图书馆的跨年晚会上表演过。为了讨儿子开心，还专门养了泥鳅，让儿子捉泥鳅玩……泥鳅生命力特别强，特别好养，只需注意换水（且不必每天换），无须投食。我还曾亲自试验过，活泥鳅放冷冻层，冻僵硬后，放水里解冻后可以"复活"。

（2015-10-25）

我在博客中变老

不经意间，我写图谋博客 10 年多了。有人告诉我，我比照片上老多了。我自己通过日渐增多的镜中华发，也明白岁月不饶人。

我只是一名普通得不能再普通的"草根"，其实邻居也没几个认得我，学校内也没几个知道有这么一号人。前一阵，有位多年的邻居，也是同一所学校的，彼此正式介绍自己姓名、在哪个部门……常相见，不相识。偶尔外出开会，与人拼房，彼此介绍时，对方听完我介绍名字，马上告诉我，说读过我写的博客，看过我写的书，一种发自内心的喜悦感油然而生。进一步交流会发现，人家确实是看过，并且记得一些我自己记忆已模糊的事情。这个时候，我会觉得，我做的事情是有些意义的。

我 2009 年 2 月到科学网写博客，之前主要是在博客网写，从 2005 年 1 月开始写。10 年多写博客，其实"生成了"5 本书：（1）《高校数字图书馆建设评估研究》（现代教育出版社，2009），该书附录部分有"学位论文撰写的博客日志"，2012 年修订再版；（2）《图书馆学随笔——图谋博客精粹》（国家图书馆出版社，2011），该书为博客网图谋博客精粹，收录时间范围为 2015 年 1 月至 2011 年 8 月；（3）《图书馆学笔记——科学网图谋博客精粹》（知识产权出版社，2013），该书收录时间范围为 2011 年 8 月至 2013 年 8 月；（4）《书海一生击楫忙——图书馆学家张厚生纪念文集》（东南大学出版社，2013），该书中我的身份是第 2 副主编，其中有较多内容是图谋博客中曾发布过的内容；（5）《图书馆学散论——科学网图谋博客精粹》（知识产权出版社，2015），收录时间范围为 2013 年 8 月至 2015 年 8 月，即将出版。

博客内容，纸质媒体通常无法直接刊发，需要进一步梳理，很多时候需要"再创作"。"精粹"成书部分，只是图谋博客的一小部分内容，其中有一定比例在《图书馆报》等纸媒刊发过。最近整理出来的《图书馆学散论——科学网图谋博客精粹》，2015 年 6 月完成书稿，此后经历三审三校，每次都不轻松。我"乐此不疲"的原因之一，还是因为有动力。图书出版出来之后，曾获市厅级学术成果奖累计 6 次。当前学术性图书，高校图书馆采购复本量通常也就是 1 ~2 本，个人购书的量也大不到哪去。拙作市场反响还算可以。

学术论文产量方面，博客十多年的比博客之前 5 年的产量要低一些。从影响力方面或者说传播效果方面，我认为博客之后的效果可能会更好一些。博客网的图谋博客，曾经有 320 余万次浏览量（注：那个数字为我所加见过的最高值，当前显示为 282.5 万次）；科学网的图谋博客当前浏览量为 212 余万次，博客总排行 99 位。作为身无长物的草根，且始终是围绕"为图书馆学情报学谋，为图书情报事业谋"这一"小众"主题，有此表现，算是出乎意料。

我因博客得到一些东西，同时也失去了一些东西。言论方面，不经意间就得罪人。比较典型的，友人曾经告诉过我，你赞赏谁，可能会得罪那些不赞赏的人，你赞赏的人，可能会因为你赞赏的"不到位"而"不待见你"。我也逐渐意识到需要"慎言"，但真正做到"恰到好处"，恐怕不大现实。我所期待的——路漫漫其修远兮，吾将上下而求索。

（2015-11-8）

渐行渐远的博士梦

2015 年 5 月曾向一位老师表达过考博的愿望，由于事务性工作太多，家务事也不少，这会儿不敢想了。博士报考时间到了，向老师简单汇报情况，老师安慰说："同样可以成就大家，不一定要读博士。"

5 年前曾经报过两次名，没去参加考试。原因很大程度上是去不了。后来我妻子上博士，没去想，2014 年妻子毕业了，又重燃梦想。

读博士的目的是什么？假如给我一个机会，我期待期间可以完成"代表作"，我知道有好些人的学术生命中的黄金时期是在攻读博士阶段，博士论文可以说是其"代表作"。

在读硕士之前，我曾经对自己说，可以没有学历，但争取有能力。生活教育了我，有能力最好还得有学历。因为那阵学校已经下文规定 35 岁以下教师必须有硕士以上学位，否则评不了中级职称、转岗……虽然我在"教辅"岗，但也感受到了一种压力。我是 33 岁取得硕士学位，经历有些波折。等我取得硕士学位那年，学校不扣押毕业证、学位证，之前是需要扣押数年的，说明此时已经不稀罕了。妻子上博士也是形势所迫，身边的人要么已是，要么陆陆续续上了并取得学位了，没有博士学位日子不好过了……我自己念硕士是"咬牙"脱产 3 年上的，我当时就当这是最后一次机会，比较珍惜这来之不易的机会。我自认为上了没白上。作为"内助"，我见证了妻子念博士的 5 年，虽然有种种艰辛，但艰辛之余有收获，所付出的是值得的。

近期，家乡修谱，家乡人打听我的学历学位，还有就是家乡所在的政府部门也在打听我的学历学位（似乎想搞宣传），直接问我博士在哪上的，学的什么专业？我说我还没上呢，有几分尴尬。昨天妻子告诉我一个"好消息"，说是开会传达了新政策，大意是博士子女上中小学可以随便选，不用交择校费。为小孩上幼儿园的事情，没少求人。那年，我还热情地参与了所在市"人才工程"培养对象评选，因为按照有关文件，当选者在子女上学方面有照顾，实际上似乎并不好使，我当选了，但我根本不知道该如何"兑现"。不管如何，如能托妻子的福，总归是好事。此外，曾经作为"课题迷"，我知道若干纵向项目的申报，硕士比较悬。以上种种情形，某种程度上还似乎证明了博士"帽子"有点用。

在梦中，我已上过几回博士，梦醒时分，发现系"日有所思，夜有所梦"而已。博士梦似乎仍未终结。隐约之中，仍在找寻机缘。然而，我距离45周岁很近了，博士梦将老去，渐行渐远。

古人云：四十不惑。又云：失之东隅，收之桑榆。我辈做不成博士，还有机会做"博客人士"；我辈也未曾想借重"博士"成名成家，老老实实做一名"搏士"，积极进取，丰衣足食，不亦快哉！

（2015-11-13）

闲话成就感

　　成就感的含义是指一个人做完一件事情或者做一件事情时，为自己所做的事情感到愉快或成功的一种心理感受。出于种种原因，于我，成就感似乎愈来愈模糊了。

　　曾记得刚参加工作时，与同时参加工作的要好的同事酒桌上曾说过：如果能专注做一件事情，坚持十年以上一定能够有所作为。那时大家颇有"共鸣"，可以说是达成共识。如今，快 20 年了，也许我算得上是"达标"了，但谈不上啥作为。倒是其他同事，职务职称、孩子车子房子等方面均形势大好，均比我更有作为（我家孩子还上幼儿园，是最小的）。如果"民主评议"一下，我确实是最没出息的。

　　近半年，加了大学同学及初中同学微信群。大学同学好些在商界，好些同学取得了一定成就，有的经营上市公司。部分同学间聚会较为频繁，不时晒一些照片。还有一个主题是股票，我根本就没有接触过。初中同学，也不乏商界成功人士，"小老板"居多，幸福指数相当高。我羡慕同学们的潇洒。

　　还听过数场报告，有的介绍报告人丰功伟绩颇为冗长，有几分反感的是有的报告人一再报告自己的非凡经历非凡业绩，给人感觉是"成就感"过剩，听众不羡慕不嫉妒甚至觉得可憎。某日超市买点东西，接了一个电话，有人"慕名"找上我，报告他有划时代的成果，成果近期将出版出来，

让我给予关注并宣传推广，让我听得一头雾水。我觉得自己很"无辜"。见过一份求职书，本身有"代表作"或"核心竞争力"，详细到小学时得过几次三好学生也写上，这似乎有点匪夷所思，或许于个人那是不能忘却的特别成就或重要成就？

时不时要写个人简介或作者简介的信息，以前我羡慕出版专著××部，发表论文×××篇，觉得"高大上"，现在觉得"呵呵"了，因为很可能被"秒杀"，比如因为人家有"重量级"成果（以少胜多，以质取胜），或者有重要职位，或者有财……

成就感，所谓这山望着那山高，加上世易时移，价值观亦在发展变化。粪土当年万户侯，万户侯已然粪土好些年。

有道是知足常乐。成就感，莫须无。其一，算是通过学习改变了命运，不然的话，或许此时此刻我躬耕于那地其实不肥水也算不上美的小山村；其二，近年耳闻目睹不少师友和亲朋与疾病抗争，有的很小，有的很年轻，很无奈，生命原本如此脆弱，经受不起过多的"风吹雨打"；其三，"反者道之动，弱者道之用。万物生于有，有生于无"。

本篇文字断断续续，经多日方得以"完工"。原本似乎毫无"成就感"可言，然而确确实实"成就"了近日之"文字欲"，算是小有成就，心情舒畅多了。

（2015-12-1）

第四辑

圕人堂梦想与实践

——贴近现实，关照现实，联系理论，旨在实践

圕人堂：图书馆进步的力量

（注：本文为圕人堂QQ群2016年新年献词。）

2014年中国图书馆年会主题为"馆员的力量：改革，发展，进步"，2015年新年献词用的题目为《咱们圕人有力量》（图书馆报，2015年1月23日A15版）；2015年中国图书馆年会主题为"图书馆：社会进步的力量"，2016年新年献词用的题目为《圕人堂：图书馆进步的力量》。

圕人堂QQ群（群号：311173426）是图书馆及图书馆学相关人员交流群，愿景（VISION）：圕结就是力量！定位（MISSION）：专业讨论、行业交流、信息共享、资源、人脉。2014年5月10日创建。2014年8月，圕人堂堂风形成并确立为：贴近现实，关照现实，联系理论，旨在实践。圕人堂圕结一切可以圕聚的力量。现有成员1397名（包括高校图书馆馆员、公共图书馆馆员、专业图书馆馆员、图书情报专业教师、图书情报专业学生、图书情报学术期刊编辑、图书情报相关出版社编辑、图书馆相关平面媒体工作者、图书馆相关资源商从业者等，成员所处地域分布广泛）。《圕人堂周讯》综述圕人堂QQ群一周交流信息，对圕人堂全体成员公开（通过QQ群邮件推送），同时亦对社会公开（当前主要通过科学网图谋博客圕人堂专题公开），2015年共发布52期（总共85期）。

2015年12月4日盘点了《<图书馆报>上的圕人堂》（http：//blog. sciencenet. cn/blog-213646-941099. html），2015年12月25日盘点了《圕人堂2015年

大事记》（http：//blog. sciencenet. cn/blog-213646-945740. html）。圕人堂围绕着"愿景"与"使命"不懈努力，积极进取……

　　《圕人堂周讯》的主要目的是辅助群交流，推动群交流。实时交流的信息相对零散，而且有一定比例是会转瞬即逝的。相对精炼一些的信息在科学网圕人堂专题发布。过去的一年，《圕人堂周讯》编辑团队克服了各种困难，52 期周讯，几乎均在周五如约而至。当前的编辑团队是圕人堂的"先锋队"，现有成员 6 名，年龄分布 50 后、60 后、70 后、80 后、90 后均有，有高校馆员、公共馆员、在读学生。可以说编辑团队的每位成员均是"忙人"，多位成员在编辑过程中遇到过"状况"，有的自身生病住院，有的是亲属生病需要照顾……"编辑补助"（每期 200 元）只是象征性的，可以说相当"菲薄"（谁体验谁知道），每次的筹资，他们还是"积极分子"。由衷感谢他们的奉献！

　　公元 2016 年是农历丙申猴年，为公历闰年，共 366 天，53 周。"猴年马月"是 2016 年 6 月 5 日至 7 月 3 日，届时圕人堂已成立 2 周年，期待圕人堂的梦想得到实现！圕人堂这样的空间主要就是发挥"微价值"或者说"长尾价值"。"圕人堂"的灵魂是"圕"这个字，意在圕结一切可以圕聚的力量，凝心聚力谋发展。2016 年我们将进一步努力构建开放的生态，促进协作与共享：圕人堂尽可能开放自己的资源；用开放的心态整合和利用各种资源；跨界融合，促进协作与共享；连接一切，通过圕人堂网络社群强化人、资源与服务之间的连接。

　　一元复始，万象更新。谨向圕人堂全体成员，向关心、支持、参与圕人堂的建设与发展的各界人士表示衷心感谢！祝愿大家新年吉祥，幸福安康！

（2015-12-28）

圕人堂之图谋絮语录

自 2016 年 12 月 6 日至今，亲属接连遭遇健康问题。我和妻子先后作为"先锋战士"，屡屡长途奔袭，奋战"火线""前线"，努力为大家庭的健康与安宁贡献力量。数月来，妻子尤其不易，日夜陪护病床边已逾一个月，在这种状态下，仍须参与国家自然科学基金申报，申报书提交那几天，恰逢亲人病情危重之时。即便如此，于我而言，可以说心系圕人堂，偶有闲言碎语，稍事辑录。

（1）圕人堂之现实意义

有一定比例成员很少在大窗发言，甚至从未在大窗发言，但确实在关注圕人堂。圕人堂有时起着沟通与交流的桥梁或纽带作用。圕人堂这样的空间，主要就是发挥"微价值"或者说"长尾价值"。以前有成员建议圕人堂成立正式组织或挂靠，种种原因，以为"草根性"更具生命力。

（2）《圕人堂周讯》的核心价值

关于《圕人堂周讯》，它的核心价值大致有三方面：①促进群交流，维持群活跃度；②融入公众视野，扩大受益面，与此同时，赢得各方关注与支持；③尊重历史，开创未来。历年的"新年献词"中，《圕人堂周讯》核心价值有所体现。圕人堂建群至今，周讯工作未曾中断。《圕人堂周讯》编辑团队中间其实遇到不少困难，但在努力克服并坚持。

(3) 圕人堂核心团队

有群成员建议圕人堂成立核心团队。圕人堂目前有三支志愿者团队:管理员团队,编辑团队(同时是管理员团队成员),客服团队。三支团队存在的时间比较长,但很大程度上囿于精力与能力,团队的作用未能较为充分发挥出来。三支团队均期待有新成员。

(4) 圕人堂群活跃度

据个人了解,从建群以来,成员之间的交流始终是活跃的。圕人堂大窗保持一定的活跃度,有助于成员之间更好地交流。作为"群主",用了较多心思在保持群的活跃度上边。《圕人堂周讯》大事记,每期均有记录。有些成员不理解。比如最近这期"2017 年 3 月 24 日 14:00,群成员达 1909 人(活跃成员 399 人,占 20.9%),本群容量为 2000 人。"这样的信息其实可作为开展研究的素材。圕人堂大窗保持一定的活跃度即可。以目前的规模,20%左右属于正常态。圕人堂堂风:贴近现实,关照现实,联系理论,旨在实践。那是个动态平衡。

关于群活跃度,进一步提供一组历史数据:2016 年 3 月 25 日 14:00,群成员达 1510 人(活跃成员 415 人,占 27.5%),本群容量为 2000 人;2015 年 3 月 27 日 14:00,群成员达 923 人(活跃成员 283 人,占 30.7%),本群容量为 2000 人;2014 年 11 月 14 日 12:00,群成员达 711 人(活跃成员 239 人,占 33.6%),本周(11.8~11.14)共有 118 人发言,本群容量为 1000 人;2014 年 5 月 10 日 7:12,圕人堂迎来第一位新成员刘某,当天通过 QQ、科学网博客、新浪微博等宣传推广,群成员达 95 人。截至 5 月 16 日 9:00 群成员达 172 人,本群容量为 1000 人。

可以说维持这个活跃度,是努力的结果。第一批的 95 人中,目前有 85 人依然在群。圕人堂当前的"冠员"积分榜或成绩单中,算 TOP12,其中 4

名是第一批入群成员。gaozy 老师自 2015/06/10 入群以来，对圖人堂活跃度的保持有突出贡献。第三位是 gaozy 的成绩。第 4 位是"印度阿三"，第 5 位是"广州书童"。麦子老师为圖人堂所做的贡献很大。当前的"等级"是重新加群之后累积的，不然很有可能在素问老师之前。这个"等级"是能上能下的。关于积分，发言是一个方面，群相册、群文件等分享信息也是有积分的。牛顿说：力的作用是相互的。诚哉斯言。

（5）"圖人堂讲座"之梦

我原计划 2017 年尝试推动圖人堂讲座。阳光阅读微信群搞过系列微信讲座，类似这方面的事情，QQ 群也是可以做的。圖人堂成员中，gaozy 多次用略带调侃的口气说有几百教授，如果说几百高级职称人员是不为过的。我不知道大牛的标准是什么，以我自身的认识水平，圖人堂中大牛、准大牛或有潜力成为大牛的成员已有不少。获取必要的资助方面，圖人堂现有成员也会有支持者。当前缺乏的是组织者、推动者。圖人堂的探索与实践，更多的是属于"抛砖引玉"。圖人堂当前可以说是以最经济、最抠门的模式运行，"圖人堂发展基金"的收与支在《圖人堂周讯》大事记版块中公开（这个功能也是周讯的重要功能）。

（2017-3-26）

关于圕人堂未来的思考

圕人堂资深成员麦子先生告知，他在一份文稿中将圕人堂 QQ 群称作 "largest online chatroom for librarians in China with a membership of 1400 + strong"。"圕人"意指"图书馆及图书馆学相关人员"，当前主体是图书馆员，圕人堂目前有 1433 名成员。作为该群"群主"，我感到很荣幸。

我随即联想到 Kim Dority。Kim Dority 是一家信息战略与内容发展公司的创办者、总裁。她创建并管理图书情报学职业选择（LIS Career Options）群组，目前包括来自 60 个国家的 8200 多名成员参与大约 850 个话题的讨论。Kim Dority 是 2014 专业图书馆协会（SLA）核心能力修订行动小组负责人，她的博客为：http：//www. infonista. com/。据麦子先生告知，Kim Dority 今年应为 66 岁。我对 Kim Dority 的作为，敬服不已。敬服其职业精神，敬服其工作能力及效率。敬服之余，让我进一步思考圕人堂的未来。

圕人堂 QQ 群 2016 年新年献词中说 "2016 年我们将进一步努力构建开放的生态，促进协作与共享：圕人堂尽可能开放自己的资源；用开放的心态整合和利用各种资源；跨界融合，促进协作与共享；连接一切，通过圕人堂网络社群强化人、资源与服务之间的连接。"这是"愿景"，愿景有多少能落地，心底没谱。

自 2014 年 5 月 10 日建群至今，重点谋两件事：一是《圕人堂周讯》；二是"圕人堂发展基金"。"面上"功夫看得到，"背后"功夫见不着。《圕人堂周讯》，单单是按部就班走完常规流程每周需数小时，此为"面上"功夫；有时遇到"敏感词"还得费功夫，发布圕人堂周讯（总第 72 期 20150925）网页版时，因为文中出现"找服务"三字（没有空格），出现"对不起，你填写的内容包含不良信息而无法提交，请返回修改。"就因为这三个字，花了我将近一个小时，此为"背后"功夫。"圕人堂发展基金"，看得到的是数次筹资情况，见不着的一次又一次"化缘"尝试。圕人堂期待更多机构或个人资助圕人堂发展。圕人堂对给予支持的，也将积极予以回馈。比如《圕人堂周讯》中致谢、欢迎在圕人堂群进行产品与服务宣传等。希望 2016 年不用再次向群成员个人募集"圕人堂发展基金"，而是通过这种协作方式解决运行经费问题。

作为"群主"，好些时候"有苦难言"。常见问题包括找人、找文献、找"情报"……比如：××在群里吗？有××的联系方式吗？群里有××文献吗？帮我找一下××文献？有没有××项目申报书？好些时候，囿于精力和能力，我实在回答不了。有的问题，我知道也不能回答。还有过让做作业题的，甚至有更过分的……有的提问者，提的问题咄咄逼人，给我的感觉是：必须得回答，回答必须得让其满意才行，自己回答不了得想办法回答……殊不知，我是肉眼凡胎，家长里短、人间烟火皆有缘。对于群友的提问，能回答且方便回答的我会回答，有时会滞后。对于我答也不行，不答也似乎不行的，我只好当作"没看见"。此外，有人对"圕人堂发展基金"有误解，以为我在"非法集资"或"敛财"，实际上一方面我是"零报酬"的，一方面还在努力捐助一点；对于接受圕人堂管理员团队（编辑团队）其他成员的捐助，我的内心是非常过意不去的，我认为属于"过度"奉献，是不可持续的。

对于圕人堂，"图谋"实际上不是群主，真正的群主是 YOU——圕人堂成员，我一向自称为"跑堂的"。"图谋，为图书馆学情报学谋，为图书情报事业谋。"我只是圕人堂的"一个图谋（a libseeker）"，而且"图谋"显然不是也不可能是我的全部。圕人堂这样的空间，主要就是发挥"微价值"或者说"长尾价值"。"圕人堂"的灵魂是"圕"这个字，意在圕结一切可以圕聚的力量，凝心聚力谋发展。期待对圕人堂多一点理解，多一分支持，圕人堂未来需要有更多"知音"共同推动。

（2016-1-16）

关于《圕人堂周讯》的说明

　　《圕人堂周讯》综述"圕人堂"QQ群一周交流信息，对"圕人堂"全体成员公开（通过 QQ 群邮件推送），同时亦对社会公开（当前主要通过科学网图谋博客"圕人堂"专题公开）。《圕人堂周讯》的意义，大致有：①抢救性保存信息；②辅助管理（群中言论，有人全程关注）；③发展史记录；④群务信息公开平台（比如"圕人堂发展基金"支出信息公开平台）。

　　关于《圕人堂周讯》，部分成员对"激励"两字非常反感，对其存在价值持否定态度。圕人堂是个草根平台，精神激励的作用非常有限，物质激励是非常重要的。当前远远没有达到理想状态。"圕人堂发展基金"是我一分一分筹措来的，可以说很艰难，当前的"编辑补助"远远达不到物质激励的效果，在这种状态下，可以说很大程度是我在"死撑着"的。对编辑团队成员，我不敢做任何硬性要求，当前的工作模式是，每周五，询问谁有时间做，谁做谁辛苦一周，而我作为"助理"，每期均要花费数小时。近一年来，编辑队伍的积极性不高，有少数几位成员始终在积极支持我。部分原因或许是，物质激励构不成激励，精神激励方面，《圕人堂周讯》的影响力很有限，还不时有人全面否定它。

　　为什么坚持做《圕人堂周讯》？我是 1999 年开始活跃于国内图书情报论坛的。从 1999 年至今，好些曾经有一定影响力的论坛、博客等，相继烟消云散，大多数真的什么都没有留下。圕人堂 QQ 群如果不在了，《圕人堂周讯》可能还会在，在每位成员的 QQ 邮箱里或网络上可以下载部分或全部，其他途径（比如《图书馆报》），也可能有迹可循。

《圕人堂周讯》经费来源为"圕人堂发展基金"。依据 2014 年 12 月 1 日拟的《圕人堂 QQ 群规范》，"圕人堂发展基金是为了促成必要的激励机制，谋求可持续发展，经费源于圕人堂成员捐赠，逐步争取通过与个人或机构合作获取赞助或捐赠。经费用途：①《圕人堂周讯》编辑补助；②科学网圕人堂专题征稿稿酬（稿酬的计算方法，拟以 80 元每千字标准，结合'难度系数'进一步调节，也就是优稿优酬），主要用来解决一批'公益作业'——参考价值比较高的资料；③年度回馈。年底拟设圕人堂'突出贡献奖''幸运成员奖'，主要目的是鼓励贡献、鼓励参与，提高圕人堂的凝聚力，提升群的活跃度；④其他。比如圕人堂 QQ 群超级会员年费、圕人堂管理员补助等。"有关情况简介：第一次筹资：2014 年 10 月 31 日 21：24 开始接受个人捐赠，至 2014 年 11 月 7 日 20：21 接受 20 位成员捐赠，共计 10065 元；第二次筹资：2015 年 3 月 31 日 24：00 本次筹集结束，接受了 33 名成员捐助（其中有一名捐两次，实际为 32 名），累计 12050 元；第三次筹资：截至 2015 年 12 月 7 日 19：30 接受 43 名成员捐助，累计 12100 元；2016 年 6 月 17 日，某公司成员以个人名义捐赠圕人堂发展基金 5000 元。圕人堂 QQ 群圕人堂发展基金累计接受捐赠 39215 元。2016 年 8 月 10 日结余 14709.29 元。（进一步信息可参考：a. 圕人堂发展基金使用情况汇报 . http：//blog. sciencenet. cn/blog－213646－940421. html；b.《圕人堂周讯》大事记记载有支出情况。）圕人堂发展基金由我负责管理事务。我为圕人堂所做的工作，建群至今为零报酬。《圕人堂周讯》目前已发布 117 期（编辑补助结算至 112 期。）《圕人堂周讯》辑录见：http：//blog. sciencenet. cn/blog-213646-837007. html 。

我折腾圕人堂以来，始终是"谨小慎微"的，安全第一是一个方面，还有方方面面的压力，要平衡方方面面。许多事情实际得我自己去做。很多时候是有苦难言的。圕人堂 QQ 群发展至今天，局面是很尴尬的。与当初的预期，相距甚远。眼下，我自身需要面对的事情很多，圕人堂梦想期待更多圕人去推进。

（2016-8-11）

圕人堂：西西弗斯的攀登

年逾不惑，心事重重，悲哉斯人。圕人堂当为我心事之一。

2008 年 Keven 先生曾写过一篇《图书馆 2.0：西西弗斯的攀登》博文。《数字图书馆论坛》2008 年第 2 期刊发了 Keven 先生的博文[48]，摘要为："在希腊神话中，西西弗斯被天神惩罚，天天推巨石上山，石头推上山顶又自动滚落下来，这样循环往复，苦役永无休止。图书馆员历朝历代一直在建造知识的通天塔，信息爆炸又带来无数更多的巨石，图书馆员如同信息时代的苦行僧，承载着永无止境的苦役，只有通天塔是心中永远的念想。"

我曾在 2008 年 1 月 15 日写过《图书馆 2.0 宣言照前程——读<图书馆 2.0：西西弗斯的攀登>有感》（http：//libseeker.bokee.com/23398054.html），该博文最后一段为："西西弗斯的攀登告诉我们，最高的虔诚是否认诸神并且搬掉石头。他爬上山顶所要进行的斗争本身就足以使一个人心里感到充实，西西弗斯是幸福的。世上无难事，只要肯攀登。图书馆 2.0——它不是一个人在战斗！图书馆 2.0——是使命、是方向、是未来！"

我作为一名普通的图书馆员，或许可视作苦行僧之一。当前的研究，表面上很繁荣，实则务虚为主，偶尔有点务实的，多被淹没了。我自 2014 年 5 月 10 日投入时间和精力折腾网络社群圕人堂，某种意义上属于"没事找事"，但我觉得属于善因，结善缘，乐在其中。今天的圕人堂，可以看到更多的"西西弗斯"式圕人在攀登……

（2016-10-16）

关于"圕人堂发展基金"的一点说明

11月18日9：07，圕人堂QQ群发了则群公告："圕人堂心系圕人，敬请关注朔州市图书馆李根求助信息，谢谢！"

当晚有成员咨询圕人堂发展基金情况。甚至有成员进一步私下询问："是否可以开放圕人堂捐款账号，我除去个人捐款外，另转点钱，供以圕人堂名义救助？"

我进行了简单答复。圕人堂发展基金最初设想是希望获得相关机构的资助。成员零星资助，筹集与管理不便。财务无小事。当前圕人堂的运作模式，机构资助也不方便。2016年有两笔机构资助，实际是以个人名义操作的。其中一笔需要提供发票，费了很大劲。当前还可以维持一阵，届时再寻对策。至于以圕人堂名义救助，我觉得兹事体大，不敢贸然行事。一方面杯水车薪，不足挂齿；另一方面，需要帮助的人不少，难免顾此失彼。

有成员视我为圕人堂"领导"，但"群主"是一个事实，当前QQ的显示还直接在群名片标示。对于"领导"一词，很惭愧，其实我根本谈不上领导，力不从心，更多的是在出份力，尽份心。现实生活中，我也没做过真正意义上的"领导"，我至目前拿的是"其他专业技术岗"九级岗的工资，未担任任何有级别的行政职务。

我自身很多时候忙得焦头烂额。工作上的事情不少，家里的事情也多（小孩她妈比我忙，在外地挂职一年，我得自个儿照顾好小孩）。除此之外，我还得折腾科研相关的事情，自身的项目之外还有审稿等事情要做。

2016年11月18日，结算圕人堂周讯第113期~132期补助，共计4000元。圕人堂发展基金结余11240元。此次结算，21：11开始，22：05办好，拖的时间比较久。还是因为成员问及"圕人堂发展基金"，我才意识到并及时办理。

我所做的事情，在某种意义上，可能确实平常而又不平常，甚至"反常"。我也从侧面了解到一些他人对我的评价，甚至有心直口快的师友，当面批评过我。很多时候，我无言以对，憨笑应付。我自嘲是："老兔拉大车"，或许比"小牛拉大车"更贴切。一方面，因为我属兔，年纪也不小了；另一方面，论体力和精力，兔与牛或许无法相提并论。

（2016-11-20）

圕人堂 2016 年大事记

　　圕人堂 QQ 群（群号：311173426）是图书馆及图书馆学相关人员的交流群，其愿景（VISION）是：圕结就是力量！其定位（MISSION）是：专业讨论、行业交流、信息共享、资源、人脉。圕人堂圕结一切可以圕聚的力量。圕人堂堂风：贴近现实，关照现实，联系理论，旨在实践。《圕人堂周讯》综述"圕人堂" QQ 群一周交流信息，对"圕人堂"全体成员公开（通过 QQ 群邮件推送），同时亦对社会公开（当前主要通过科学网图谋博客"圕人堂"专题公开）。圕人堂 QQ 群 2014 年 5 月 10 日创建，《圕人堂周讯》2014 年 5 月 16 日创办。2016 年共发布周讯 52 期（第 86 期 ~137 期）。

　　2016 年群成员数量持续增加（400 余名），活跃度有所波动，但持续保持活跃。2016 年 1 月 1 日 14：00，群成员达 1408 人（活跃成员 455 人，占 32.32%）；2016 年 12 月 23 日 14：00，群成员达 1846 人（活跃成员 465 人，占 25.19%）。

　　依据《圕人堂周讯》各期大事记版块，梳理圕人堂 2016 年大事记。

　　（1）圕人堂新年寄语征集活动。目的：喜迎新年，提升活力；内增内涵，外塑形象。时间：截至 2016 年 1 月 1 日 12：00。内容：意见、建议、愿望、祝福等。篇幅 100 字以内，体裁不限。可以个人或机构名义署名。圕人堂周讯（总第 86 期 20160101）予以选用。共有 50 余名成员参与。

　　（2）收到《图书馆报》寄的 10 月份稿酬 329 元，自 2015 年 10 月开始，图谋所得稿酬均算作圕人堂话题稿酬，用做圕人堂发展基金。12月29日~1月1日圕人堂群发的红包，花的是《图书馆报》选刊《圕人堂周讯》的稿酬300元。感谢《图书馆报》对圕人堂的支持！感谢全体成员的支持！

（3）2015年12月29日支付群成员"2014"圕人堂卡贺卡制作稿酬50元，该成员将稿酬所得捐赠给圕人堂发展基金。圕人堂发展基金结余16277.52元。

（4）从第87期开始，《圕人堂周讯》开始赞助单位冠名。圕人堂期待更多机构或个人资助圕人堂发展。圕人堂对给予支持的，也将积极予以回馈。比如《圕人堂周讯》中致谢、欢迎在圕人堂群进行产品与服务宣传等。希望2016年不用再次向群成员个人募集"圕人堂发展基金"，而是通过这种协作方式解决运行经费问题。

（5）2016年1月8日，发放2015年圕人堂管理员补助2200元（注：每人200元）。LEE、李鹏云、谢海鸥、鱼雷将补助捐赠给圕人堂发展基金，合计1200元。圕人堂发展基金结余15089.33元。

（6）群成员王波2016年1月12日在群文件中分享《普通高等学校图书馆规程》（教高〔2015〕14号）文件扫描版，该文件印发时间为2016年1月4日（注：通过时间为2015年12月31日）。目前已有157次下载。

（7）从第90期开始，超星公司开始《圕人堂周讯》赞助单位署名。圕人堂感谢支持！期待更多公司愿意支持圕人堂，同时，圕人堂积极予以回馈。圕人堂当前的运行模式，需要的资金并不多，持续发展离不开必要的经费支持。

（8）2016年2月3日~2016年2月25日，因图谋外出，期间使用电脑不方便。第91期~94期，将为合辑，一起发布。第91期~93期整理者，整理好之后，将在群文件中分享"本周讨论概要"整理稿。

（9）为纪念图谋博客11周年，图谋于2016年1月28日8时自费发100

个拼手气红包（总金额 100 元）。

（10）2016 年 2 月 3 日~2016 年 2 月 25 日，因图谋外出，期间使用电脑不方便。第 91 期~94 期为合辑，一起发布。第 91 期~93 期整理者整理好之后在群文件中分享"本周讨论概要"整理稿。

（11）2016 年 1 月 1 日 8：33 曾说过："今后群成员在圕人堂群发放红包超过 50 元的，也将视作捐助圕人堂发展基金，《圕人堂周讯》大事记中予以记录。"据此，圕人堂周讯（总第 91 期~94 期 20160226）"大事记"中遗漏以下信息：2016 年 1 月 28 日图谋为纪念图谋博客 11 周年发 100 个拼手气红包（总金额 100 元）；2016 年 2 月 8 日 7：38，图谋发 200 个拼手气红包（总金额 100 元），5 小时内被领完；2016 年 2 月 12 日 21：41 孔祥爱发拼手气红包 20 个（金额 60 元），13 秒被领完。

（12）2016 年 2 月 27 日，图谋收到《图书馆报》稿费 594 元，续费 QQ 年费超级会员，支付 228 元（续费后，2017-05-12 到期），入圕人堂发展基金 366 元，圕人堂发展基金结余 15509.72 元。

（13）2016 年 3 月 1 日，圕人堂客服团队 QQ 群建立。3 月 4 日，8 名新成员开始"挂牌"服务。目前，客服团队共有成员 13 名。

（14）2016 年 3 月 8 日圕人堂发放 200 个红包（总金额 100 元），庆祝国际三八妇女节，6 小时内被领完；2016 年 3 月 7 日，支付科学网圕人堂专题稿酬 100 元。圕人堂发展基金结余 15323.64 元。

（15）2016 年 3 月 14 日，圕人堂客服团队成员图道整理的《圕人堂周讯》总目录（第 1 期~96 期），科学网圕人堂专题发布。圕人堂发展基金支付稿酬 200 元，图道将其回捐。

（16）2016 年 3 月 17 日《圕人堂周讯》第 1~96 期（时间跨度为 2014 年 5 月 16 日~2016 年 3 月 11 日）整理成合辑。群文件中第 51 期至第 90 期信息将清除。百度网盘下载地址：http://pan.baidu.com/s/1ge0xi3x 。群文件中亦分享。据圕人堂客服团队一鸣反馈,《圕人堂周讯》网页版第44期~78期不能下载,原因很可能是科学网曾遭遇故障部分文件丢失。建议下载第1期~96期合辑。

(18) 2016年3月18日14:00,群成员达1502人(活跃成员374人,占24.9%),本群容量为2000人。3月16日,群成员"易小福＊"成为圕人堂第1500名成员。

(19)《普通高等学校图书馆规程》(教高〔2015〕14号)印发时间为2016年1月4日(注:通过时间为2015年12月31日)。《规程》是一部旨在宏观指导的专门法规,指导我国高校图书馆事业的建设发展,规范高校图书馆的服务与管理。避免《规程》在贯彻实施中流于形式,需要高校图书馆主管机构及利益相关者齐心协力学《规程》、用《规程》。圕人堂征集"学规程、用规程"稿件,征集时间为2016年3月22日至2016年12月31日,体裁不限。稿件一经选用,按100元/千字支付稿酬(经费来源:圕人堂发展基金)。网址 http://blog.sciencenet.cn/blog-213646-964052.html。

(20) 2016年3月23日,支付圕人堂成员如梦科学网圕人堂专题稿酬50元,作者将其捐赠给圕人堂发展基金。

(21) 第99期群成员分享《图书馆参考咨询服务规范》培训班专家课件、专家报告录音等资料。

(22) 第99期群成员分享东北地区校园阅读推广会议专家报告、案例交流等资料。

(23) 第99期分享《图书馆论坛》2016年第4期电子版;《大学图书馆学报》2016年第2期。

(24) 2016年4月1日图谋发放100个拼手气红包(总金额100元),请群成员支持及参与《高校图书馆专业馆员职业能力认识与需求调查》,51分钟被领完。

（25）《图书馆报》每周声音刊发群成员《任重道远，事在人为——我看修订后的<普通高等学校图书馆规程>》（http：//m. xhsmb. com/20160401/news_ 2_ 1. htm），《图书馆报》微信订阅号亦发布（http：//mp. weixin. qq. com/s？_ biz＝MjM5MzA0NTg2MQ＝＝&mid＝404083184&idx＝1&sn＝86b9717c6343bf37105b79 59719ba071&scene＝0#wechat_ redirect）。该文为圕人堂"学《规程》，用《规程》"征文。

（26）第 100 期为《圕人堂周讯》100 期。圕人堂群 2014 年 5 月 10 日建立，2014 年 5 月 16 日发布《圕人堂周讯》第 1 期。

（27）2016 年 4 月 6 日，图谋发放 50 个拼手气红包（金额 50 元），感谢大家关注与参与高校图书馆专业馆员职业能力认识与需求调查。5 分钟内被领完。

（28）第 101 期，群成员分享大学图书馆发展趋势与服务创新论坛 PPT。截至目前，共有 8 名报告嘉宾授权 PPT 合理使用，其余 PPT 在获得报告嘉宾授权后会在此网页（http：//www. ir. xjtu. edu. cn/home/news/41）进行更新。

（29）2016 年 4 月 20 日，图谋为感谢大家关注与支持高校专业馆员调查（http：//blog. sciencenet. cn/blog-213646-967372. html），发放 100 个拼手气红包（总金额 100 元）。1 小时内被领完。

（30）《书香英伦——英国图书馆之旅》正式出版（http：//blog. science-net. cn/blog-213646-971720. html），该书曾于科学网圕人堂专题连载两个半月，是作者刘欣的力作，同时承载着圕人堂成员的关爱，希望该书能有更多"知音"。

（31）《书香英伦——英国图书馆之旅》作者刘欣，为答谢圕人堂的关注与支持，赠送图书 50 册（成员先索取先得，每人限一册，赠完为止）。赠书行为亦视作捐助圕人堂发展基金。

（32）关于圕人堂发展基金的说明。时不时，有人询问圕人堂发展基金需要多少钱？有人对圕人堂发展基金表示好奇，甚至有人以为图谋得了多少"好处"。曾有成员向我提问，囿于我的精力与能力，没能得到满意回答时，质询过是否要付费才行。其实圕人堂发展基金的取与用是"透明"的。可参阅：圕人堂发展基金使用情况汇报．http：//blog. sciencenet. cn/blog－213646-940421. html 圕人堂发展基金取之于圕人堂，用之于圕人堂。圕人堂发展基金的取与用，均于《圕人堂周讯》大事记版块有记录。

（33）《书香英伦——英国图书馆游记》赠书公告。群成员欣然读书为答谢圕人堂的关注与支持，开展第二批次赠书。赠书一律通过快递（到付）寄出，索书申请者须向欣然读书提供准确信息，接受申请时间为 4 月 29 日17：00~5 月 2 日 17：00，逾期不候。赠书对象为圕人堂群成员，每名成员限一册，先申请者先得。如果超出可赠册数范围，及时在群里告知并中止接受申请。因为工作量大，如若服务欠周，请予以谅解！

（34）2016 年 5 月 10 日为圕人堂建群 2 周年，图谋为答谢圕人堂成员的关注与支持，拟赠《图书馆学散论——科学网图谋博客精粹》40 册。5月 4 日公告发出之后，索赠者踊跃，两小时内索赠完。赠书预计 5 月 10 日左右寄出。

（35）群成员欣然读书为答谢圕人堂的关注与支持，面向圕人堂成员赠书，第二批次赠书 116 册，第一批次赠书 50 册，累计赠书 166 册。《书香英伦——英国图书馆游记》（知识产权出版社，2016）定价为 88 元。赠书视作捐助圕人堂发展基金。

（36）2016 年 5 月 10 日为圕人堂建群两周年，图谋为答谢圕人堂成员的关注与支持，赠《图书馆学散论——科学网图谋博客精粹》（知识产权出版社，2015），该书定价为 58 元，赠书于 5 月 10~11 日寄出，实际赠出 44册。赠书视作捐助圕人堂发展基金。

（37）5 月 20 日至 5 月 23 日，圕人堂 QQ 群有 28 名成员未经管理员审核加入本群。为群安全计，圕人堂群发紧急通知："先将未经审核成员移除出群，如确实符合加群条件，欢迎重新加群。敬请理解与支持！"

（38）2016 年 6 月 9 日，群成员"我的家园"发送口令红包 100 个（金额 100 元），1 小时内被领完。

（39）2016 年 6 月 15 日~17 日在宁夏银川市举行"2016 年中国高校图书馆发展论坛"，数十名圕人堂成员利用参加会议的机会开展线下交流，其乐融融。

（40）2016 年 6 月 17 日，"W. 狼"捐赠圕人堂发展基金 5000 元。圕人堂发展基金结余 17259.74 元。

（41）近期群成员新成员较多。4 月 15 日群成员 1547 人，6 月 23 日群成员 1662 人。"圕人堂圕结一切可以圕聚的力量。""圕人堂堂风：贴近现实，关照现实，联系理论，旨在实践。"期待更多成员凝心聚力去建构，而不是随心所欲去消解。

（42）2016 年 6 月 30 日发放《圕人堂周讯》第 100 期~112 期编辑补助 2600 元，圕人堂发展基金结余 14669.68 元。

（43）2016 年 7 月 3 日，群成员图书馆论坛刘编分享《图书馆论坛》2016 年第 7 期电子版。

（44）2016 年 7 月 21~25 日，圕人堂数十名成员参加了由南开大学研究生院主办，南开大学商学院信息资源管理系、杭州市图书馆事业基金会承办，徐建华教授组织的"第 6 届图书馆学实证研究"博士生学术会议。会议期间，圕人堂成员进行了各种形式的线下聚会。圕人堂分享了此次会议部分主题报告 PPT。

（45）刘欣《书香英伦——英国图书馆之旅》（知识产权出版社，2016）入选《全民阅读好书推荐书目（2015—2016）》，该书目是由中国图书馆学会、韬奋基金会、中国出版集团公司、中国新华书店协会、中国书刊发行业协会及承办单位图书馆报共同发起的"全民阅读好书推选活动（2015—2016）"。这是圕人堂的喜事！因为该书的每一环节得益于圕人力量的推动，凝聚了许多位圕人堂成员的汗水。

（46）圕人堂发展基金有关情况简介。第一次筹资：2014年10月31日21：24开始接受个人捐赠，至2014年11月7日20：21接受20位成员捐赠，共计10065元；第二次筹资：2015年3月31日24：00本次筹集结束，接受了33名成员捐助（其中有一名捐两次，实际为32名），累计12050元；第三次筹资：截至2015年12月7日19：30接受43名成员捐助，累计12100元；2016年6月17日，某公司成员以个人名义捐赠圕人堂发展基金5000元。圕人堂QQ群圕人堂发展基金累计接受捐赠39215元。2016年8月10日结余14709.29元。（进一步信息可参考：a. 圕人堂发展基金使用情况汇报 . http：//blog. sciencenet. cn/blog-213646-940421. html；b.《圕人堂周讯》"大事记"记载有支出情况。）圕人堂发展基金由图谋负责管理事务。图谋为圕人堂所做的工作，建群至今为零报酬。《圕人堂周讯》目前已发布117期（编辑补助结算至112期。）《圕人堂周讯》辑录见：http：//blog. sc-iencenet. cn/blog-213646-837007. html 。

（47）2016年8月17~18日，圕人堂及时分享2016年国家自然科学基金立项信息，尤其是"G0314. 信息资源管理"类立项信息。

（48）2016年度中国最美期刊遴选活动，542种期刊（图书情报类有两种：G11《大学图书馆学报》和G58《图书馆理论与实践》）入围网络投票，投票时间为8月15~25日。"中国最美期刊遴选活动"是中国（武汉）期刊交易博览会主办，中国期刊年鉴杂志社承办。今年是第3次办（2014年首次）。圕人堂成员积极参与网络投票，支持图书情报类入围期刊。

（49）圕人堂祝贺《图书馆研究与工作》公开出版！《图书馆研究与工作》2016年第1期，系创办35年的内部刊物获准公开出版之后的首期，出版日期为 2016 年 7 月 10 日。出版周期为月刊，投稿邮箱为：lsrw@zjlib. cn 。

（50）2016 年 9 月 5 日图谋收到《图书馆报》稿费 433 元汇款单，9 月 8 日转给圕人堂发展基金，圕人堂发展基金结余 15169. 37 元。

（51）第 123 期，本周圕人堂评介新书《图书馆情报学概论》（于良芝著. 图书馆情报学概论. 北京：国家图书馆出版社，2016），该书是一部为融贯的图书馆情报学（Library and Information Science，LIS）而做的概论性著作。

（52）9 月 14 日晚，图谋祝圕人堂成员中秋愉快，阖家欢乐，发放 100 个拼手气红包（金额 100 元），12 分钟被领完，"图书 24"是运气王。

（53）第 124 期，本周圕人堂推介新书《图书馆学情报学档案学编辑出版学投稿指南》（湖北科学技术出版社，2016），该书系统地介绍了 81 种公开发行期刊的准确联系方式、设置栏目、投稿要求、投稿格式。主要是为图书情报与文献工作者晋升职称和在校学习的大学生、研究生写作投稿而编写的，也可供论文作者所在单位的科研部门、以及编辑部的老师们对论文作者学术水平评估提供参考。是一部兼有检索性、资料性和知识性的专业工具书。

（54）9 月 29 日，圕人堂客服团队成员图道老师编辑整理圕人堂周讯总目录（第 1 期~124 期），特此鸣谢! 圕人堂周讯总目录（第 1 期~124 期）下载地址：http：//blog. sciencenet. cn/home. php? mod = attachment&id = 90248 群文件中亦提供下载；科学网圕人堂专题《圕人堂周讯》辑录（http：//blog. scien-cenet. cn/blog-213646-837007. html）末尾亦提供链接。今后，总目录由图道每月更新一次。

（55）2016 年 10 月 11 日，圕人堂群分享圕人堂成员麦子《美国高校图书馆的学科馆员与学科服务》（邱葵. 美国高校图书馆的学科馆员与学科服务

[J]. 图书馆论坛,2016),该文摘要:学科馆员及学科服务在美国高校图书馆已有半个多世纪的历史。文章回顾美国高校图书馆学科馆员与学科服务的历史;着重介绍美国高校图书馆对学科馆员学历、资历和能力的要求,以及学科馆员的主要职责和服务内容;分析入职门槛降低对学科馆员制度的影响;介绍美国高校图书馆嵌入式学科服务的实际情况,讨论中国高校图书馆开展嵌入式学科服务需要考量的因素。全文见群文件:美国高校图书馆的学科馆员与学科服务_ 邱葵 .pdf.

(56)第 129 期,本周圕人堂庆祝中国图书馆年会召开,发放拼手气红包 100 个,100 元。

(57)2016 年 11 月 18 日,结算圕人堂周讯第 113 期~132 期补助,共计 4000 元。圕人堂发展基金结余 11240 元。

(58)2016 年 11 月 19 日,圕人堂发布群公告。圕人堂心系圕人。敬请关注朔州市图书馆李根求助信息,谢谢!”“3 岁幼女 70%烧伤,请您们救救我女儿吧!”

(59)2016 年 11 月 24 日,图谋发放 100 个拼手气红包(总金额 100 元),以此感谢圕人堂全体成员对圕人堂的呵护。7 分钟内被抢完。

(60)2016 年 12 月 4~6 日,圕人堂 50 名以上成员参加第十三届数字图书馆前沿问题高级研讨班(ADLS2016),会议期间部分成员开展了形式多样的线下交流,有多名新成员加群。

附:《图书馆报》刊发圕人堂话题系列

（1）对"考研党"提前占座问题的思考 . http: //m. xhsmb. com/20160115/news_ 19_ 1. htm.

（2）图书情报专业出身的人在学科馆员面前什么感觉？. http: //m. xhsmb. com/20160205/news_ 11_ 2. htm.

（3）正视图书馆员的职业危机 . http: //m. xhsmb. com/20160318/news_ 7_ 2. htm.

（4）小议强制学生进馆借阅 . http: //m. xhsmb. com/20160325/news_ 21_ 2. htm.

（5）馆藏文献剔旧如何操作 . http: //m. xhsmb. com/20160513/news_ 9_ 2. htm.

（6）关于跨专业考图书馆学情报学研究生 . http: //m. xhsmb. com/20160617/news_ 11_ 3. htm.

（7）高校馆电子阅览室的利用现状 . http: //124. 207. 48. 191/epaper/tsgb/2016/09/09/A08/story/40551. shtml.

（8）外包服务杂谈 . http: //124. 207. 48. 191/epaper/tsgb/2016/11/04/A19/story/41600. shtml.

（9）图书采访问题谈 . http: //124. 207. 48. 191/epaper/tsgb/2016/12/23/A11/story/42983. shtml.

（2016-12-25）

共建圕人堂，共享圕力量

（注：本文为圕人堂 QQ 群 2017 年新年献词。）

不知不觉，圕人堂将步入第 4 个年头。

圕人堂 QQ 群（群号：311173426）是图书馆及图书馆学相关人员的交流群，其愿景（VISION）是：圕结就是力量！其定位（MISSION）是：专业讨论、行业交流、信息共享、资源、人脉。圕人堂圕结一切可以圕聚的力量。圕人堂堂风：贴近现实，关照现实，联系理论，旨在实践。《圕人堂周讯》综述"圕人堂"QQ 群一周交流信息，对"圕人堂"全体成员公开（通过 QQ 群邮件推送），同时亦对社会公开（当前主要通过科学网图谋博客"圕人堂"专题公开）。圕人堂 QQ 群 2014 年 5 月 10 日创建，《圕人堂周讯》2014 年 5 月 16 日创办。2016 年共发布周讯 53 期（第 86 期 ~138 期）。圕人堂现有成员 1856 名。

圕人堂成员新年献词。① annl："一年来大部分时间都在潜水，每每看到同行们热烈的讨论，总是感动于图书馆员的热情和激情，猴年岁末，鸡年伊始，感谢圕人堂同仁带来的快乐与启发。一年来最敬佩的是堂主图谋，勤勤恳恳，兢兢业业，管理着圕人堂有序稳定地发展。最爱看的是高书记每天早晨的心灵鸡汤，看完就能兴奋地起床，一天精神饱满。最喜欢的是麦子的思想，总是抛出一些有见解的观点，看后受益匪浅。最愿意看到大家讨论业务工作，虽然很少有时间插嘴，过后翻看也想跟几句却错过说话机会，但却让我更多地思考了工作，开阔了思路。总之，圕人堂已经融入我的生活和工作，每天都要浏览一下。感谢堂主，感谢所有圕人堂的同仁们。祝愿圕人堂在新的一年里如雄鸡高歌，唱响圕人梦。"② gaozy："2016年真的过去了，回想这一年来，感谢大家的陪伴，我们一起嗨，一起学，一起提升自己，有时候，观点不同针锋相对，但和而不同，彼此尊重，圕人堂是一个高素质的交流场所。2017 让我们携手一起，多多交流，让我们和圕人堂一起，共同见证岁月。人老多情，很多人素未谋面，但神交已久，新的一年，让我们一个不能离开，好吗？如果你觉得圕人堂变得你不爱了，说出来，让我们一起让她变得更好。"

作为"群主"，我乐意尽可能地投入精力做点推动工作，一定程度上是因为我相信这是有意义的。"力的作用是相互的"，我同样是受益者。我只是圕人堂一分子，一直在为推动圕人堂发展贡献绵薄之力。囿于能力与精力，好些事情力不从心，许多地方做得不尽人意，我很惭愧。

2016 年，特别感谢推知信息、超星公司对圕人堂的赞助！2017 年，推知信息将继续资助圕人堂，《圕人堂周讯》赞助单位将冠名：推知信息、世界艺术鉴赏库。

圕人堂这样的空间，主要就是发挥"微价值"或者说"长尾价值"。"圕人堂"的灵魂是"圕"这个字，意在圕结一切可以圕聚的力量，凝心聚力谋发展。期待 2017 年：群策群力，共建圕人堂，共享圕力量！

新年伊始，万象更新。谨向圕人堂全体成员，向关心、支持、参与圕人堂的建设与发展的各界人士表示衷心感谢！祝愿大家新年吉祥，幸福安康！

（2016-12-31）

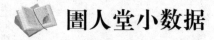圕人堂小数据

2017 年 5 月 4 日 14：00，群成员达 1947 人（活跃成员 375 人，占 19.26%），本群容量为 2000 人。

2016 年 5 月 6 日 14：00，群成员达 1572 人（活跃成员 476 人，占 30.3%），本群容量为 2000 人。

2015 年 5 月 8 日 15：00，群成员达 1034 人（活跃成员 291 人，占 28.2%），本群容量为 2000 人。

2015 年 1 月 2 日 12：00，群成员达 786 人（活跃成员 282 人，占 35.9%），本群容量为 2000 人。（注：2014 年 12 月 26 日圕人堂升级为 2000 人群。）

2014 年 11 月 14 日 12：00，群成员达 711 人（活跃成员 239 人，占 33.6%），本周（11.8~11.14）共有 118 人发言，本群容量为 1000 人。

2014 年 5 月 10 日 7：12 分，圕人堂迎来第一位新成员刘＊华，当天通过 QQ、科学网博客、新浪微博等宣传推广，群成员达 95 人。截至 5 月 16 日 9 时群成员达 172 人，本群容量为 1000 人。

2017 年 5 月 4 日统计：最后发言"1 个月以内"：408 人。最后发言"12 个月以上"：422 人。

圕人堂需要保持一个动态平衡。最后发言"24~36 个月"为 125 人。群容量告急之后，先考虑移除 2 年以上未发言成员。移除之后，愿意加群者，圕人堂欢迎其重新加群。

（2017-5-4）

圕人堂建群三周年筹资及使用情况说明

圕人堂建群三周年，圕人堂发展基金（2014.5—2017.5）大约支出 3.4 万元，平均每年 1.13 万元。期间圕人堂发展基金进行过三次面向全体成员的筹资，两人次圕人堂成员以机构名义捐助，累计捐助金额为 50015 元。2014 年 11 月第一次筹资：接受 20 位成员捐赠，共计 10065 元；2015 年 3 月第二次筹资：接受了 34 名成员捐助（其中有一名捐两次，实际为 33 名），累计 12850 元；2015 年 12 月第三次筹资：接受 43 名成员捐助，累计 12100 元（其中管理员团队捐 2250 元）；2016 年 6 月 17 日，W. 狼捐赠圕人堂发展基金 5000 元；2017 年 5 月 1 日，圕人堂收到赞助单位推知信息、世界艺术鉴赏库赞助 1 万元。圕人堂发展基金 2017 年 5 月 6 日结余 16181.65 元。（图谋注：零星动态捐助未述及，《圕人堂周讯》大事记中有记录，比如图书馆报选刊《圕人堂周讯》稿酬转入圕人堂发展基金、部分原本应支付的费用因对方不受视作捐助等。）

对于"圕人堂发展基金"，筹集、管理、支出均由图谋经办。因为图谋是经办人，图谋为圕人堂所做工作均是零报酬。圕人堂发展基金专款专用，借助支付宝账号进行管理，产生动态收益（余额宝收益）直接用作圕人堂发展基金。

网络社群的发展，需要与之相适应的激励机制。三年来，圕人堂在探索与实践中谋生存求发展，得益于广大圕人（以圕人堂成员为主体）关注与支持，由衷致谢！

圕人堂发展基金简介

圕人堂发展基金是为了促成必要的激励机制，谋求可持续发展，经费源于圕人堂成员捐赠，逐步争取通过与个人或机构合作获取赞助或捐赠。经费用途：(1)《圕人堂周讯》编辑补助；(2)科学网圕人堂专题征稿稿酬（稿酬的计算方法，拟以80元每千字标准，结合"难度系数"进一步调节，也就是优稿优酬），主要用来解决一批"公益作业"——参考价值比较高的资料；(3)年度回馈，年底拟设圕人堂"突出贡献奖""幸运成员奖"，主要目的是鼓励贡献、鼓励参与，提高圕人堂的凝聚力，提升群的活跃度；(4)其他。比如圕人堂QQ群超级会员年费、圕人堂管理员补助等。（参见：圕人堂QQ群规范.http://blog.sciencenet.cn/blog-213646-847582.html）

延伸阅读：

(1) 圕人堂发展基金第一次筹资使用情况说明

http://blog.sciencenet.cn/blog-213646-874850.html

2015-3-16 18：10

圕人堂发展基金取之于圕人堂，用之于圕人堂。2015年3月11日圕人堂发展基金结余2342.95元（结余金额含圕人堂发展基金支付宝账号收益）。圕人堂发展基金的取与用，均于《圕人堂周讯》大事记版块有记录。

"圕人堂发展基金"2014年10月31日21：24开始接受个人捐赠，至11月7日20：21已接受20位成员捐赠，共计10065元。

"圕人堂发展基金"捐赠者芳名录（按捐赠先后顺序）

1 Xu Guang（500元），2 Xu Jixin（200元），3 刘绍荣（300元），4 素问（200元）；5 图书馆方丈（50元）；6 图谋（2000元）；7 陈晓莉（365元）；8 阎子潇（200）；9 刘

桂锋（2000 元）；10 安哥拉兔（200 元）；11《熻火书评》栏目（800 元）；12 lib2005（50 元）；13 程红梅（500 元）；14 梁溪（500 元）；15 lake（100 元）；16 让让（500 元）；17 陈武（500 元）；18 衡中青（500 元）；19 李鹏云（300 元）；20 刘洪（300 元）。总计 10065 元。摘自：圕人堂周讯（总第 27 期 20141114）

2015-3-18 21：10

我发布的筹资信息，目前看了的或愿意看的，人数还非常少。个别成员有顾虑，甚至焦虑。实则大可不必。捐助是自愿的，为圕人堂做贡献的途径很多，远非捐资一途。一方面，圕人堂不会向成员硬性摊派，也未曾考虑过会员制，目的是让更多的圕人受益；另一方面，某种意义上算是一种思想启蒙，让圕人堂成员有这么一个概念：圕人堂作为一个网络社群，它的持续发展离不开人力、财力。

当前，部分成员有误会，以为是图谋想钱想疯了。我张罗这个钱，主要是为了促进形成激励机制，吸引更多成员为圕人堂的发展出工出力。我自己不仅不花这个钱，而且会尽可能地予以支持。

圕人堂发展基金向成员募集不是长久之计。理想的状态是因为圕人堂的工作得到认可，有个人或机构愿意出资赞助。比如，期待《圕人堂周讯》在不久的将来，有企业或个人有偿冠名资助。经过 10 个月的发展，已初见成效，就在今天已有企业负责人以个人名义捐资 2000 元。

（2）圕人堂发展基金使用情况汇报

http：//blog. sciencenet. cn/blog-213646-940421. html.

2015-12-2 09：27

（3）第二次筹资情况

圕人堂发展基金第二次筹资接受捐赠情况：2015 年 3 月 31 日 24：00 本次筹集结束，接受了 33 名成员捐助（其中有一名捐两次，实际为 32 名），累计 12050 元。他们是：1 让让（1000 元），2 乌龟（200 元），3 TYYUAN9333（50 元），4 Lee（200 元），5 蔚蓝天空（300 元），6 wangwen（100 元），7 守望者（500 元），8 生清（100 元），9 映山红（400 元），10 安哥拉兔（200 元），11 张廷广（200 元），12 临沂大愚（100 元），13 山人常宏

（2000 元），14 花香满衣（100 元），15 一凡（100 元），16 蚯蚓（500 元），17 lake（100 元），18 wu（200 元），19applemm（200 元），20 宋晓莉（200 元），21 粒粒（200 元），22 企鹅孔雀（200 元），23 图谋（2000 元），24 一平未央（300 元），25 xuer（300 元），26 欣然读书（200 元），27 Sunny（100 元），28 让让（1000 元），29 天行健（100 元），30 刘方方（200 元），31 巧果（300 元），32 素问（200 元），33 Ouyang（200 元）。（注：名单按收到捐赠的先后顺序）感谢所有捐赠者！（总第 47 期 20150403）

一笔捐赠（3 月 25 日告知账号）：34 熠火书评（800 元）。圕人堂发展基金第二次筹资接受了 34 名成员捐助（其中有一名捐两次，实际为 33 名），累计 12850 元。再次感谢所有捐赠者！（总第 48 期 20150410）

（4）圕人堂发展基金第三次筹资情况

http：//blog. sciencenet. cn/blog-213646-943195. html.

圕人堂发展基金第三次筹资。截至 2015 年 12 月 7 日 19：30 接受 43 名成员捐助，累计 12100 元（其中管理员团队捐 2250 元）。圕人堂发展基金第三次筹资结束。感谢捐赠者的资助！2015 年 12 月 11 日 21：53，圕人堂基金账户金额为 18520. 61 元。

圕人堂发展基金第三次筹资接受捐赠名录：

①福娃 50 元；②天行健 100 元；③ellen100 元；④吴 200 元；⑤安哥拉兔 200 元；⑥惠涓澈 200 元；⑦youran200 元；⑧印度阿三 200 元；⑨幸福的地图 100 元；⑩杨敏 100 元；⑪王爱品 50 元；⑫竞一 200 元；⑬蔚然天空 300 元；⑭岁月深处 200 元；⑮Monsterb0x 100 元；⑯bluesky100 元；⑰安妮 100 元；⑱苏卷卷 100 元；⑲西北圕夫 200 元；⑳年心 1000 元；㉑山人常宏 2000 元；㉒巧果 300 元；㉓亦天 200 元；㉔《图书馆论坛》刘编 300 元；㉕欣然读书 200 元；㉖小肥羊 200 元；㉗郑锦怀 100 元；㉘大龙 100 元；㉙金三石 500 元；㉚秋 100 元；㉛林中小鸟 100 元；㉜熠火书评 800 元；㉝萱草小妖 200 元；㉞高晓军 200 元；㉟boson100 元；㊱一个人的博弈 50 元；㊲墨梅 200 元；㊳左手边的幸福 100 元；㊴李妹阿杜 100 元；㊵九色鹿 200 元；㊶生清 1200 元；㊷梅吉 50 元；㊸图谋 1000 元。

（5）圕人堂 2015 年大事记

http：//blog. sciencenet. cn/blog-213646-945740. html.

2015-12-25 09：18

（6）2014 年度圕人堂大事记

http：//blog. sciencenet. cn/blog-213646-854283. html.

2014-12-27 15：41

（7）圕人堂周讯（总第 156 期 20170505）

http：//blog. sciencenet. cn/blog-213646-1053141. html.

2017-5-5 13：59

2017 年 5 月 1 日，圕人堂收到赞助单位推知信息、世界艺术鉴赏库赞助 1 万元，圕人堂发展基金结余 16175. 12 元。

（2017-5-6）

关于利用圕人堂开展问卷
调查办法（建议稿）

圕人堂 QQ 群（群号：311173426）是图书馆及图书馆学相关人员的交流群，其愿景（VISION）是：圕结就是力量！其定位（MISSION）是：专业讨论、行业交流、信息共享、资源、人脉。圕人堂圕结一切可以圕聚的力量。圕人堂堂风：贴近现实，关照现实，联系理论，旨在实践。《圕人堂周讯》综述"圕人堂"QQ 群一周交流信息，对"圕人堂"全体成员公开（通过 QQ 群邮件推送），同时亦对社会公开（当前主要通过科学网图谋博客"圕人堂"专题公开）。

"圕人"指图书馆及图书馆学相关人员，包括图书馆员、图书情报专业教师和学生、图书馆利益相关者（包括政府主管部门、相关资源商、硬件商、平面媒体等）。圕人堂创建于 2014 年 5 月 10 日，现有成员近 2000 名。

关于利用圕人堂开展问卷调查，现提出以下建议：

（1）内容需与圕主题相关，问卷符合相关规范。

（2）回馈方式：①红包形式，可以是随机形式，也可以是有针对性发放给参与调查的个人或群体；②资助"圕人堂发展基金"（《圕人堂周讯》大事记予以记录，金额 50~1000 元为宜）；③在适当时机以适当形式分享相关调查所取得的成果。

（2017-5-10）

圕人堂成员观

关于移除成员，圕人堂始终是慎重的。圕人堂一旦加群便是成员。三年来，圕人堂批量移除成员大概有 3 次，移除之前会做大量工作解释说明工作。比如最近一次移除是因为群资源告急，移除 30 个月以上未发言成员，这批成员中有数名，随后重新加群了；再上一次是群名片/昵称不符合群规范，因为这样的规范是基础工作，便于交流开展（这次的圕人堂"突出贡献奖"评选，得到了较为充分体现）。圕人堂是一个有梦想、有实践的网络社群，可以参考：圕人堂的梦想与现实. http：//blog. sciencenet. cn/blog-213646-877056. html。

圕人堂的交流，大窗交流只是一小部分，实际是居相对次要地位的，保持一定活跃度即可。鼓励圕人堂利用圕人堂平台进行各种形式分众分类交流。圕人堂大窗交流的信息，尽可能地是《圕人堂周讯》可以选用的信息，不是那种只是为了冒个泡或者与圕主题无关的信息。

如果大窗冗余信息过多，对圕人堂群的生存会造成威胁，很多人可能会选择直接将群屏蔽或退群。各种形式分众分类交流的成果，需要分享的或可以分享的，可以以较为规整的形式在《圕人堂周讯》（含科学网圕人堂专题）呈现出来。

在圕人堂大窗"未发言"，并不代表在小窗未发言；未发言有未发言的原因，比如未发现自己感兴趣的话题，某个阶段无暇顾及……圕人堂三年的实践表明，圕人堂发言很少、甚至未发过言的成员，也同样对圕人堂有贡献，甚至是有突出贡献的，比如以下链接中会有所发现：圕人堂建群三周年筹资及使用情况说明．http：//blog. sciencenet. cn/blog－213646－1053242. html 。

关于"QQ红包"，特此做一点说明。首先，它是QQ的一个功能，直接与金钱联系在一起的功能。圕人堂从建群伊始，重视该功能的应用。以圕人堂名义发红包也有过多回。其用意包含有：①圕人堂作为一个网络社群，其持续发展离不开人力、财力；②便于成员之间的有偿交流与合作（不需要经由"圕人堂发展基金"）。

（2017-5-12）

圕人堂 "突出贡献奖" 获得者风采展示

圕人堂 "突出贡献奖" 获得者风采展示，期待有助于让评奖工作做得更扎实，惠及更多人。圕人堂亮相自由行，从突出贡献奖获得者做起。

圕人堂 "突出贡献奖" 获得者概况：

①麦子（美国加州、高校图书馆）；

②gaozy（浙江宁波、高校图书馆）；

③广州书童（广东广州、公共图书馆）；

④印度阿三（广东深圳、公共图书馆）；

⑤广东小肥羊（广东广州、高校图书馆）；

⑥Lee（贵州贵阳、高校图书馆）；

⑦海边（辽宁大连、高校图书馆）；

⑧扣肉（北京、高校图书馆）；

⑨沈奎林（江苏南京、高校图书馆）；

⑩刘建平（上海、高校图书馆）。

圕人堂 "突出贡献奖" 获得者风采展示（按收到信息先后顺序为序）：

（1）麦子

个人简介：邱葵，河滨加州大学图书馆馆藏建设部主任，圕人堂 QQ 群中昵称为麦子。在上海外国语学院获得希腊语言文学学士学位，后来回到母校教希腊语。来到美国以后,分别获得了希腊文学硕士和图书管理硕士学位,并于1992年成为美国国会图书馆属下的加州报纸项目的编目员,勘查、整理、编目了南加州的很多报纸收藏,其中包括不少在美国出版的华文报纸。此后,他成为加州大学河滨分校的首位亚洲学馆员,并陆续担任了馆内其他职务,包括学科馆员、参考咨询馆员、馆藏建设馆员以及图书保存和保护部的代理主任。这些经验使他在图书编目、馆藏建设、参考咨询、公共服务以及图书馆管理等方面取得了宝贵的第一手经验。此外,他积极参与加州大学大学图书馆员协会内活动,做过该协会的秘书长。他还多次担任了河滨加州大学图书馆员协会里多个委员会的主席,并两次担任职称评定委员会主席,十分熟悉美国大学图书馆员的招募和晋升情况。他还致力于图书馆专业方面的研究,除了在国际图书馆专业杂志上发表文章之外,还曾在美国国内和包括IFLA在内的国际会议上讲演论文,多次在中国国内图书馆做巡回报告介绍美国学术图书馆的现状和发展。他是美国华人图书馆员协会的终身会员,并曾担任该协会在加州和南加州的分会主席。

获奖感言:谢谢各位支持,图谋开了这个群,使我们圈人有一个交流的场所。

(2) LEE

个人简介:高校LIB民工一枚,偶尔在群里分享信息,帮群友下载文档。

获奖感言:获奖很意外,感谢圈友支持。祝圈人堂越来越好!

(3) 沈奎林

个人简介:南京大学图书馆数字图书馆建设部成员。兰州大学图书馆学理学学士,南京大学信息管理系情报学硕士;曾执着于计算机技术十几年,无所建树。CADAL建设期间,幸被聘为技术组专家。目前关注大联网环境下图书馆的发展，涉猎多，文史传记、古体诗、现代诗、物联网、大联网、数据管理、智慧图书馆、拍照片……均不精。自我感觉比较随和，大多低调，偶尔高调，比如这次，总之不太着调。

获奖感言：能获得圕人堂突出贡献奖，非常开心。在这里要感谢启云，感谢群，感谢群里的同仁对我的支持和厚爱。经常潜水，偶尔冒泡，以后还是要积极参与感兴趣的话题，促进圕人堂健康发展。谢谢大家！

(4) 印度阿三

个人简介：印度阿三，弗兰人氏，就学湘粤界，供职鹏城中，好调侃，喜歪楼。

获奖感言：此次获奖，要感谢堂里的各位 V，不管是大 V、小 V，还是 Mini V。谢谢你们的抬爱和包容。诗云：圕人堂中图人团，堂上图文谈圕人。会当共剪西窗烛，把酒言欢话此时。又曰：人生不过匆匆数百年，得空闲，来此地，多发言。以上乱语，望君一笑，请务对号入座，如有不适，请无视之。

(5) 广州书童

个人简介：广州书童，岭南人士，公图员工。读过几年书，尘世间一介迷途小书童。闲时好在圕人堂与圕友交流学习，多是插科打诨、歪楼吐槽，偶有狂妄不自知，贻笑大方矣。

获奖感言：在圕人堂收获比付出多。此次获奖，十分意外，倍感荣幸。感谢圕友支持！

(6) 刘建平

个人简介：江苏高校任教 20 年转上海高校图书馆工作 10 余年，主要研究方向：参考咨询、特藏资源建设与服务、数字图书馆、高校图书馆教学科研支持服务、服装材料开发与生产研究。教师生涯中形成了多渠道利用图书馆的习惯，到图书馆工作后，可以更多的从读者角度上进行工作安排和调整，时间长了，我与读者建立了亦师亦友关系，工作中接触到许多潜心研究的学者、孜孜不倦的学生、渴求创新的工程师，他们身上散发着一种难以描述的激情，这种激情勉励我更加努力地工作。

获奖感言：在这里获奖非常开心，汇聚交流的开心！一语点化的开心！和而不同的开心！谢谢大家！创造和分享圕人之快乐！知识因阅读和表达而美丽。圕人堂是我们阅读和表达的家园，愿圕人堂在大家精心培养下枝繁叶茂！

(7) 广东小肥羊

个人简介：本硕博均就读图书情报专业，在高校图书馆摸爬滚打 10 多年，做过图书馆网站开发与维护、书刊采编、图书馆决策支持服务等。

获奖感言：能够获奖非常开心！谢谢各种 V 和非 V 的群友的支持！愿圕人堂在专业交流之路上领风气之先，立时代之巅！愿我们的事业更上一层楼！

(8) 海边

个人简介：医学高校图书馆大妈级馆员，昵称取意于学校图书馆就在海边上，也寓意在圕人堂赶海。醉心于图书馆日杂三十多年，钻于小事排解，不耻下问，自我满足。从参考咨询手工检索起步，多数业务岗位均有嫌涉。刻写过钢板，用过老式中文铅字和西文打字机，排过卡片目录，分编流通、期刊管理、电子阅览室、图书馆集成系统管理、网站栏目设计及模板编写等都走过深浅不一的脚步。现碌碌数据挖掘，学科分析，网站服务。

获奖感言：感谢交流技术进步，突破听障，有幸在网上遇到、结识志同道合、关心图书馆工作的同行，受益颇深。时光重回，唯有少年心。

（9）扣肉

个人简介：王鹏，中央音乐学院图书馆系统管理员，昵称 扣肉。北京联合大学师范学院计算机专业本科毕业，工学学士。2015 年 7 月由校内其他部门调入图书馆工作。

获奖感言：我刚到图书馆之后，大约有半年时间，对于图书馆业务一窍不通，仅限于给大家修修电脑，维护图书馆用系统。此时看到了圕人堂博客，及 QQ 群，工作过程中得到诸多群成员的无私帮助。后因馆内部门调整，技术服务部与音像库合署办公，我响应馆长号召，开始进行音像库的盘点与回溯工作。圕人堂所有成员都是各图书馆的骨干力量，在繁忙的工作之余解答我提出的疑问，我深表感激。希望圕人堂继续发挥传统，为馆员提供交流的空间，让大家在业务和生活中都有所提升。

（10）gaozy

个人简介：男，坐标浙江宁波，在高校图书馆工作，基本干遍图书馆各个工作岗位，各项业务造诣不深，但略知皮毛；网海中仅在圕人堂胡吹海侃，但言之有理，常因爱心泛滥过于直接而显得无礼。

获奖感言：千言万语就是：感谢你，对，你就是每位看官，每个成员。因为你，才有了圕人堂；因为你，才有这个"突出贡献"；因为你，才有我们。愿我们一起，与圕人堂共同进步。

延伸阅读：

1. 圕人堂"突出贡献奖"评选结果．http：∥blog. sciencenet. cn/blog－213646－1054123. html.

2. 圕人堂"突出贡献奖"评选通知．

http：∥blog. sciencenet. cn/blog－213646－1052662. html.

3. 圕人亮相自由行活动

2016 年 8 月，图谋曾提议圕人亮相自由行活动。参与的很少，在三周年纪念活动月，再次提议。

圕人堂：亮相自由行

缘起：有部分成员认为当前活跃成员偏少，找不到合适的参与话题。为了这样便于大家找到交流对象，特此开展"亮相自由行"活动，希望大家尽可能地参与。

亮相内容：简单介绍自己以及研究方向或兴趣爱好。实名与否，悉听尊便。

(2017-5-14)

圕人堂三周年纪念活动月小结

2017年5月10日为圕人堂QQ建群三周年。2017年5月3日~2017年6月2日为"圕人堂三周年纪念活动月",特此予以小结。

举办了寄语圕人堂、圕人堂"突出贡献奖"评选系列活动(投票、风采展示)、圕人堂"世界艺术鉴赏"知识竞赛活动。

科学网圕人堂专题,共发布博文21篇,包括《圕人堂建群三周年筹资及使用情况说明》《关于利用圕人堂开展问卷调查办法(建议稿)》《走近图书馆智能机器人》《圕人堂成员观》《初景利:数字化网络化与图书馆服务的战略转型》等。

"您浏览过圕人堂QQ群规范吗?"群投票(匿名投票)活动,72人参与投票,"认真浏览过"39票;"粗略浏览过"30票;"没有浏览过"3票。

群成员变化概况:

2017年5月5日,群成员1947人,活跃成员375人。

2017年5月12日,群成员1900人,活跃成员536人。(注:大约是5月6日,曾移除30个月以上未发言者57名。)

2017年5月19日,群成员1916人,活跃成员641人。

2017年5月26日,群成员1926人,活跃成员656人。

2017年6月2日,群成员1944人,活跃成员656人。

延伸阅读：

（1）宋晓莉. 我在圕人堂整理周讯. http：//blog. sciencenet. cn/blog - 213646 - 1049977. html.

（2）Tianart. 在路上. http：//blog. sciencenet. cn/blog-213646-1052702. html.

（3）Gaozy. 我与圕人堂. http：//blog. sciencenet. cn/blog-213646-1053145. html.

（4）圕人堂"突出贡献奖"评选通知. http：//blog. sciencenet. cn/blog - 213646 - 1052662. html.

（5）圕人堂"世界艺术鉴赏"知识竞赛活动. http：//blog. sciencenet. cn/blog - 213646-1053105. html.

（6）圕人堂"突出贡献奖"评选结果. http：//blog. sciencenet. cn/blog - 213646 - 1054123. html.

（7）圕人堂"突出贡献奖"获得者风采展示. http：//blog. sciencenet. cn/blog - 213646-1054945. html.

（8）圕人堂"世界艺术鉴赏"知识竞赛活动圆满结束. http：//blog. sciencenet. cn/ blog-213646-1058857. html.

（9）关于利用圕人堂开展问卷调查办法（建议稿）. http：//blog. sciencenet. cn/blog- 213646-1054025. html.

（10）圕人堂建群三周年筹资及使用情况说明. http：//blog. sciencenet. cn/blog - 213646-1053242. html.

（2017-6-3）

圕人堂管理员团队成员论圕人堂发展

2017 年 6 月 15 日下午，圕人堂管理员团队群就圕人堂发展进行了一番交流，特此简单辑录。参加交流成员匿名处理。

cheny 2017/6/15 16：44：40

个人的想法如下：

1. 圕人堂可以挂靠一个或几个图书馆，这样就有人力、物力、财力资源扩大它的影响力，但是有个弊端就是大家觉得这不是那么随心所欲的平台了，而是带有"公"的色彩；

2. 圕人的话题就那么多，我们把往期的周讯内容集中起来做个数据库，大家有疑问先查数据库再来群里问；

3. 周讯的设计可以更活泼，采用电子杂志的形式也可以。

zengjl 2017/6/15 16：46：13

用域名？

cheny 2017/6/15 16：51：40

类似这样的，可以在线看，可下载。页面也做得更好看一点。

cheny 2017/6/15 16：52：42

知识库

cheny 2017/6/15 17：01：52

最近做评估做到这些材料，然后有了这些想法，见笑了。

图谋 2017/6/15 17：33：08

前边的信息，浏览了一下。很好！感谢！

图谋 2017/6/15 17：34：11

关于陈老师的建议挺好，但是实施起来还存在现实困难。

图谋 2017/6/15 17：42：31

1，关于"挂靠"，其实根据个人江湖经验，挂靠反而是靠不住的。因为涉及的变量太多，约束也多。

2，关于做成"数据库"，当前可以算是在做努力（积累素材），另一方面，依托科学网平台，搜索引擎可以检索得到。按照设想，许多工作可以由圕人堂客服团队帮推动，实际这块未能很好地运转起来。

3，周讯形式问题，也受到一些约束。网页版发布作用是比较重要的，电子杂志的灵活性可能会欠缺一些；此外，周讯工作，成于众手，人员频繁变动，工作的延续性是个问题。

图谋 2017/6/15 17：46：38

其实还有更多细节问题。比如周讯收录群成员交流信息及科学网发布周讯信息，时不时还有成员表示种种不满；曾经有成员要求要删除其言论（有的属于情绪言论，自认为不合适；有的是受论文查重影响……）。

cheny 2017/6/15 17：47：06

恩，我们再想想更好的方法。

cheny 2017/6/15 17：48：15

聊天记录在网络公开发布，是否有法律方面的问题？

图谋 2017/6/15 17：48：20

除此之外，还有内容审核问题。"政审"是非常重要的，我自己有担任图书及学术期刊的外审工作，对这一点是有所认识的。

图谋 2017/6/15 17：48：41

尽可能避免法律问题。

图谋 2017/6/15 17：49：21

群规范中明确告知，群交流信息会整理成周讯，公开发布。

zhangy 2017/6/15 17：50：22

政治和法律问题，是非常重要的审核标准。

cheny 2017/6/15 17：50：40

如果要发展得更壮大，这些都是不可避免的问题。所以，首先要解决目标问题，圕人堂的发展最终目标是什么。

图谋 2017/6/15 17：50：42

我曾经收到过律师函，那是因为群成员的言论侵犯其利益。

zhangy 2017/6/15 17：51：08

同时呢，有一些负面的消息和情绪化，也要在编辑和整理时剔除。

zhangy 2017/6/15 17：51：24

我也收过律师函……

zhangy 2017/6/15 17：51：54

某一些数据库和出版社的名字也要避免出现。

图谋 2017/6/15 17：51：58

有成员不理解，为什么每期都要由我来发布，其实这是有原因的。一旦有问题，我是第一责任人。

cheny 2017/6/15 17：52：06

如果是做业内自由交流平台，可以随意一点，保持现状大家无拘无束也挺好的；如果想发展，想走出去，我们要全套准备工作做齐全。

图谋 2017/6/15 17：52：34

其实定位还是比较清晰的。

图谋 2017/6/15 17：53：11

圕人堂QQ群（群号：311173426）是图书馆及图书馆学相关人员的交流群，其愿景（VISION）是：圕结就是力量！其定位（MISSION）是：专业讨论、行业交流、信息共享、资源、人脉。圕人堂圕结一切可以圕聚的力量。圕人堂堂风：贴近现实，关照现实，联系理论，旨在实践。《圕人堂周讯》综述"圕人堂"QQ群一周交流信息，对"圕人堂"全体成员公开（通过QQ群邮件推送），同时亦对社会公开（当前主要通过科学网图谋博客"圕人堂"专题公开）。

cheny 2017/6/15 17：57：31

这些是定位、使命愿景。那在具体执行中，我们要不要改变目前的模式呢？比如把涉及法律风险的部分梳理一遍，进行规避；把圕人堂的整体形象包装、宣传出去；规范地组织一些业内的交流会议。

图谋 2017/6/15 17：59：05

理想很丰满，现实很骨感。

zhangy 2017/6/15 18：00：30

不能更赞同王老师了。

图谋 2017/6/15 18：00：37

下午前边你们交流那会，小孩发烧了，带去医院挂水。回来办公室之后，解答一位成员的质疑（注：关于"图谋，2000人群，是不是不用非得把曾经的赞助者T出去？"）。

cheny 2017/6/15 18：01：13

那先做第一步，大家把目前圕人堂发现的法律风险提出来，汇总。

图谋 2017/6/15 18：02：04

解答这个质疑，我用了11分钟。解答完之后，我再来群里（注：指管理员团队群）回答意见和建议。与此同时，同一家数据库商沟通（工作上的事情）。

图谋 2017/6/15 18：03：00

有些事情，更多的人愿意搭把手，这样就非常好。

图谋 2017/6/15 18：03：52

近期，cheny 和 zhangy 老师积极做了好些工作，个人非常感谢！

图谋 2017/6/15 18：06：24

编辑团队中，有几位骨干遇到了状况，有更要紧的事情需要去面对，你们的热心与热情，给圕人堂带来了希望与力量！

zhangy 2017/6/15 18：06：55

这是应该的，我个人从王老师还有各位老师这里获益良多。可惜我只有少量时间，我有空就会过来尽可能看看能不能做点小事情。

图谋 2017/6/15 18：07：57

谢谢！

图谋 2017/6/15 18：09：38

如果更多的人，像你们那样热心，完全可以持续发展。

图谋 2017/6/15 18：11：37

提醒一点是，对于圕人堂，诸位千万不要过度透支，量力而行就好。

图谋 2017/6/15 18：14：32

圕人堂这样的空间，主要就是发挥"微价值"或者说"长尾价值"。

图谋附笔：关于法律疑问，其实当前也不存在清单。因为是网络社群，处在发展变化中，问题通常是无法预见的。以群规范为例，理想模式是群成员均遵守群规范就太平无事了，实际上，大部分成员从未浏览，或者选择视而不见。圕人堂建群以来，始终比较谨慎，比如对群交流信息实行多重"监管"（群成员监督、编辑团队选编、群主关注），如果不这样做，很可能早就被解散了。

(2017-6-15)

警惕知识传播、知识交流与
知识共享环境恶化

时下，知识传播、知识交流与知识共享的环境，似乎每况愈下。笔者是一名高校图书馆从业人员，从2005年开始写博客至今，此外"经营"有一定规模的网络社群圕人堂QQ群已有三年多，有一些基于亲身体验的观察与思考。

近期参加了一个学术会议，报告人说PPT可以留下来给与会者，但不要上网，因为有些图片的引用，未获得授权。我对报告人是比较熟悉的，他是业界、学界知名人物，是知识传播、知识交流与知识共享积极推动者之一。联想起前些日子圕人堂网络社群有名成员分享了一份学术报告PPT，分享者之后，短时间内有数百次下载。当天晚上，多名成员给我发信息要求删除，据说原因是会议主办方负责人发现有营利性微信公众号转载了，担心影响不好。圕人堂群文件共享是基于群成员的分享，但群成员是广义的"圕人"，而且人员是非实名的、流动的，群成员的个体传播、交流与分享，无从监管。时下，学术会议报告愿意支持开放获取的愈来愈少。而且，按照当前的学术论文引用规范，也很难加以合理引用，因为它属于"灰色文献"，有部分学术期刊投稿指南中，明确不支持参考文献著录网址（来源为网页或下载地址），且不少学术期刊中除了参考文献没有注释。

圕人堂QQ群，最初的理想是形成"议题式交流机制"，圕人堂"议题式交流机制"的五要素：组织者（可以是一人或团队）、参与者（要有一定规模）、有意义（具备理论意义或现实意义）、有影响（形成理论成果或可以学以致用的讨论成果）、激励机制（必要的经费支持）。圕人堂"议题式交流机制"的作用：圕人堂保持一定活跃度的"保鲜剂"或"防腐剂"。"议题"可大可小，可以是封闭式（如实名讨论组形式）、半封闭式、开放式；"议题"讨论周期可以是"短期"的，也可以"长期"的。"议题式交流机制"是实现圕人堂核心价值的重要手段。理想很丰满，现实很骨感，实践中发现，行不通。其中一个重要的影响因素是，大家无法畅所欲言，有种种顾虑，比如担心学术思想被他人抢先发表等。此外，圕人堂交流信息精华部分整理成《圕人堂周讯》公开获取，它是学术不端检测的数据源之一，如有关贡献者欲进一步正式发表，过"文字复制比"这关也是非常伤脑筋的。

图谋博客中设了一个专栏"学海拾贝"，原本是打算作一些转载、摘编、评论的，后来发现不好做了，"转载"原则上须征得许可（有时单有作者还不够，还得包括出版社、网站等），摘编也有风险，评论风险更大，很可能"吃力不讨好"。

圕人堂QQ群，多年来曾试图推动利用圕人堂开展问卷调查，鼓励适当时机适当形式分享相关调查所取得的成果，收效甚微。参与调查者，有的希望分享问卷调查结果，原本属于合理请求，但实际操作起来困难重重、顾虑重重。

"数字资源开放获取服务研讨会暨CALIS第十三届国外引进数据库培训周"上吴建中先生《从开放获取到开放科学》报告中指出应该让大学回归学术中心的地位，将学术资源开放获取理念与现代信息通信技术相结合，让流动的知识（数据）释放出来，成为共享资源，将促进学术成果的揭示、开放和再利用，形成有利于知识共享、大众创新和经济发展的科研环境，进而推动科技创新。实践中，障碍重重。单单是机构库的建设，这么多年，许多高校无法实施，实施了的与期望值的差距亦不小。其中一个重要影响因素是，有关方面经权衡认为"得不偿失"，甚至有强烈抵制的。

知识传播、知识交流与知识共享环境，与知识产权、学术规范、利益均衡等密切相关，需要警惕其进一步"恶化"，有所作为。

（2017-7-30）

圕人堂发展之瓶颈问题

圕人堂建群 3 年多以来，每周大事记中，会记录活跃度信息。从 7 月 28 日开始，群活跃度低于 20%。2017 年 7 月 28 日 14：00，群成员达 1943 人（活跃成员 364 人，占 18.73%）；2016 年 7 月 29 日 14：00，群成员达 1686 人（活跃成员 348 人，占 20.64%）；2015 年 7 月 24 日 15：00，群成员达 1245 人（活跃成员 376 人，占 30.2%）。所谓"活跃成员"与"惯员"（群等级积分大于或等于 1）人数相近。这个"活跃"只是相对的概念，圕人堂群在非高校假期时段，基本为"本周活跃度超过了 99% 的活跃同类群"，当前活跃度超过 98% 的活跃同类群。作为群主这个数据是辅助管理的。它有一定参考价值。圕人堂搞的"活动"，比如近期策划的"图书馆员近两年（2015.7—2017.7）图书情报类图书购买情况""图书馆从业人员图书馆学情报学期刊阅读情况调查"群投票，与这个数据有联系。群投票是群应用之一。这类投票，一举两得：①制造话题并有助于了解概况；②提升群的关注度与参与度。群成员可以就感兴趣的话题提出群投票建议，管理员采纳后发起。

针对 gaozy 老师"我对群主图谋及管理等老师公开的提一些肤浅感想。火车跑得快，全靠车头带，图谋责任重大，要公开提一些要求"，我的回应是还是多体谅些吧。需要从实际出发，我的能耐非常有限。很多时候，我很惭愧，愧对了不少支持者。其实不止一次，有师友真诚劝诫我别再折腾圕人堂。希望我能做点更有意义的事。我这些年"执迷不悟"坚持折腾圕人堂，一方面是出于"不忘初心"的考虑，一方面是由衷感谢诸多圕人各种形式的支持。gaozy 老师对圕人堂的满腔热情，有目共睹，瑕不掩瑜，倒是我囿于诸多因素（或主观或客观），未能更好地发挥作用，问心有愧。

随后，gaozy 老师对圕人堂提出了进一步批评"在圕人堂，图谋背后有一个圕人堂，但是总是说自己能力有限，跑堂，这怎么行，明显是没有团队意识，责任担当不足，我坚定地认为，圕人堂应该是一个强有力的团队，我们要有认同感，才会有力量"，我进行了简单回应："圕人堂当前处于艰难维持阶段。圕人堂的可持续发展，首要的是需要有与之相适应的激励机制。圕人堂发展基金的筹集与使用，最为伤神。如果这块不用图谋操心了，或许可以承担更多一些责任。'图谋作为草根、基层工作者，没必要越界承受无法承受之重。' 这句话中的无法承受之重，主要是指上述方面。种种原因，被有意无意忽略不计了。"

圕人堂发展基金的筹集与使用，劳心劳神，"压力山大"，背后的辛酸难以言说。7 月参加一个会议，由于不能刷信用卡，交会议注册费差了 5 元现金。正好会务组有位老师是圕人堂成员，向她借了 5 元钱。第二天我用发红包的形式还没肯收，直接还现金也不收，说是感谢你为圕人堂所做的努力，算捐给圕人堂发展基金，我无言以对。圕人堂自 2016 年开始未向个人筹资，转向谋求机构资助（或者由个人代表机构）。尽管如此，这笔特殊捐助，圕人堂发展基金还是破例收下了。

（2017-8-10）

参考文献

[1] 教育部关于印发《普通高等学校图书馆规程》的通知[EB/OL].[2017-7-11].http://www.moe.gov.cn/srcsite/A08/moe_736/s3886/201601/t20160120_228487.html.

[2] 教育部高等学校图书情报工作指导委员会简介[EB/OL].[2016-3-23].http://www.tgw.cn/jggk/201602020939.

[3] 肖希明,等著.信息资源共享系统绩效评估研究[M].北京:学习出版社,2013.

[4] 王启云 著.图书馆学散论——科学网图谋博客精粹.北京:知识产权出版社,2015.

[5] 2016 top trends in academic libraries:A review of the trends and issues affecting academic libraries in higher education Coll. res. libr. news June 2016 77:274-281.

[6] Librarians' Competencies Profile for Scholarly Communication and Open Access[EB/OL].[2017-7-11].

https://www.coar-repositories.org/files/Competencies-for-ScholComm-and-OA_June-2016.pdf.

[7] Librarians' Competencies Profile for Research Data Management[EB/OL].[2017-7-17].

https://www.coar-repositories.org/files/Competencies-for-RDM_June-2016.pdf.

[8] 于良芝著.图书馆情报学概论[M].北京:国家图书馆出版社,2016:53-54.

[9] 教育部关于"十三五"时期高等学校设置工作的意见[EB/OL].[2017-3-1]

http://btjyj.xjbt.gov.cn/c/2017-02-09/3470477.shtml.

[10] 教育部关于印发《普通高等学校基本办学条件指标(试行)》的通知[EB/OL].[2017-3-1].

http://www.moe.edu.cn/publicfiles/business/htmlfiles/moe/s7050/201412/xxgk_180515.html.

[11] 教育部关于印发《普通本科学校设置暂行规定》的通知[EB/OL].[2017-3-1].
http://www.xjedu.gov.cn/xjjyt/null/jgcs/fzghc/csxx/2013/56382.htm.

[12] 2016 馆配市场热点与 2017 趋势预测[EB/OL].[2017-3-1].http://url.cn/454mOjp.

[13] 武夷山.金色 OA、绿色 OA 和黑色 OA[EB/OL].[2017-3-1].http://blog.sciencenet.
cn/blog-1557-1035448.html.

[14] 王启云.高校数字图书馆建设评估指标体系研究[J].大学图书馆学报,2008(5):74-81.

[15] 刘欣. 书香英伦——英国图书馆之旅[M].北京:知识产权出版社,2016.

[16] 苏新宁.中国人文社会科学学术影响力报告(2000—2004).北京:中国社会科学出版
社,2007:1068-1071.

[17] 学术期刊论文不端行为界定标准(公开征求意见稿)[EB/OL].[2017-7-11].http://
check.cnki.net/Article/rule/2012/12/542.html.

[18] 叶继元.学术图书、学术著作、学术专著概念辨析[J].中国图书馆学报,2016(1):21-29.

[19] 程焕文.论图书馆人才的特征——关于"图书馆四代人"的探讨[J].图书馆论坛,1988
(3):22-29.

[20] 关于 2017 年国家社科基金年度项目和青年项目立项名单的公示[EB/OL].[2017-7-11].
http://www.npopss-cn.gov.cn/n1/2017/0616/c219469-29344851.html.

[21] 李松妹.现代图书馆管理概论[M].北京:北京图书馆出版社,2007:244.

[22] 苏新宁.图书馆、情报与文献学学术影响力研究报告(2000—2004)——基于 CSSCI 的
分析[J].情报学报,2006(2):131-153.

[23] 赵美娣,缪家鼎.高校图书馆科研产出及科研能力分析[J].大学图书馆学报,2007(2):
24-29.

[24] 朱亚丽.《现代图书情报技术》核心著者测评[J].现代图书情报技术,2004(12):83-
84,50.

[25] 李沛.关于数字图书馆的核心期刊论文计量分析研究[J].数字图书馆论坛,2007(9):
37-42,56.

[26] 图书管理员[EB/OL].[2017-7-11].http://baike.baidu.com/link? url=kuurnW2j08WqUu-

Uedd2WT3auzRGMf0dDYrSNJuiiLsQIp9D4DJpPyYcQpzoiTONfG_gsl-kW7e-CKwCSerprNnIt-ffdQZygI6LnO-pu-LcnSK5JcwMU2UImtEcPGDQh6G4z0VidBckMFAZZXeg9m6_.

[27] 中国大百科全书出版社编辑部编. 中国大百科全书 图书馆学、情报学、档案学[M].北京:中国大百科全书出版社，1993:442-443.

[28] 丘东江.新编图书馆学情报学辞典[M].北京:科学技术文献出版社,2006:620.

[29] 丘东江.新编图书馆学情报学辞典[M].北京:科学技术文献出版社,2006:609.

[30] 中国图书馆员职业道德准则(试行)[EB/OL].[2017-7-11].http://www.lsc.org.cn/c/cn/news/2006-04/03/news_305.html.

[31] 中国图书馆学会积极协助有关部门开展图书馆员职业资格认证工作[EB/OL].[2017-7-11].http://www.lsc.org.cn/c/cn/news/2006-04/03/news_264.html.

[32] 中华人民共和国劳动和社会保障部，中华人民共和国文化部. 国家职业标准:试行,图书资料馆员[M]. 北京:北京图书馆出版社，2005.

[33] 盛小平著.图书馆职业发展与制度建设[M].北京:科学出版社,2016:2-3.

[34] 第六次图书馆评估定级有哪些新变化?.[EB/OL].[2017-7-25].https://mp.weixin.qq.com/s?__biz=MzIwMTAyMzM5Mw==&mid=2684884501&idx=1&sn=79fe6d53419c2601020103df13eb95a7&chksm=b308fcdb847f75cde09907f5e52147f4fa42607ae91bc972c608181345605b23896b4a1c08b2&mpshare=1&scene=22&srcid=0213HdcshXLITATiwenI5PbV#rd.

[35] 刘炜.图书馆员作为一种职业[EB/OL].[2017-7-11].http://www.kevenlw.name/?p=1135.

[36] 李金永.地方院校馆员培训中的"软抵抗"分析[J].新世纪图书馆,2016(10):33-37.

[37] 范并思,等编著.20世纪西方与中国的图书馆学:基于德尔斐法测评的理论史纲[M].北京:北京图书馆出版社,2004:30-31.

[38] 沈坤. 高校图书馆有偿服务的调查与分析[J]. 农业图书情报学刊,2009(04):13-15,19.

[39] 钱亚新,著.钱亚新别集[M].谢欢,整理.南京:南京大学出版社,2013.

[40] 肖希明.中国百年图书馆学教育与社会的互动发展[J].中国图书馆学报,2017(3):4-17.

[41] 杨俊丽.高校图书馆员专业阅读现状的调查与分析[J].大学图书馆学报,2015(4):55-59,115.

[42] 李松妹.现代图书馆管理概论[M].北京:北京图书馆出版社,2007:83-115.

[43] 王子舟.论"读者资源建设"的几个理论问题[J].图书馆杂志,2017(5):4-15.

[44] 王春生.美国《高校图书馆标准》简析[J].情报资料工作,2013(4):106-109.

[45] 任翔.海外学术图书出版面临三方面挑战[EB/OL].[2017-7-11].http://blog.sciencenet.cn/blog-363928-961273.html.

[46] 李江.研商,一个判断你学术前途的指标[EB/OL].[2017-7-11].http://blog.sciencenet.cn/blog-1792012-1016858.html.

[47] 李小文,著.陈安,编选.大师小文:李小文院士博文精选[M].北京:中国科学技术出版社,2015.

[48] Keven.图书馆2.0:西西弗斯的攀登[EB/OL].[2017-7-11].http://www.dlf.net.cn/manager/manage/photo/admin2008630154558%E5%8D%9A%E6%9D%A5%E5%93%81.pdf.